Architectuur in de kapotte stad

Architectuur in de kapotte stad

Hans van der Heijden

Uitgeverij THOTH Bussum

Inhoud

De architectuur komt de stad binnen als in een vreemd land, maar toch komt zij binnen, hetzij ten koste van de uitdrukking van een soort stomme verbazing over haar eigen aanwezigheid, hetzij door een toevlucht te nemen tot bevroren contrasten.[1]

Manfred Tafuri

Het blijkt echter steeds moeilijker om onderhoud van erfgoed en openheid naar de wereld te verzoenen. Beide houdingen drijven in Europa en Amerika uiteen.[2]

Paul Scheffer

De toekomst is niet langer een lichte, lege ruimte, die wij als tabula rasa-architecten van het modernisme kunnen volbouwen met nuttige, schone en functionele gebouwen, maar een halfduister vol obstakels, waar wij op de tast binnenkomen.[3]

Jan-Hendrik Bakker

1. 'Architecture enters the city as a foreign country, *yet it does enter*, either at the cost of expressing a sort of stupor in its own presence [...] or by resorting to frozen contrasts [...].'
Manfredo Tafuri, 'Giuseppe Terragni: Subject and "mask"', in: Peter Eisenman, *Giuseppe Terragni, transformations, decompositions, critiques*, New York 2003, p. 282.

2. Paul Scheffer, *Het land van aankomst*, Amsterdam (De Bezig Bij) 2007, p. 283.

3. Jan-Hendrik Bakker, *Welkom in megapolis*, Amsterdam (Uitgeverij Atlas) 2008, p. 32.

1 Proloog

Steden gaan kapot en verdienen herstel. Dit herstel stelt uiteenlopende eisen aan het architectenvak. Er is behoefte aan historische, typologische en constructieve kennis waarmee de eigenschappen van de bestaande stad in kaart kunnen worden gebracht. Naast het kennisaspect veronderstellen de intensieve onderhandelingen die eigen zijn aan de interventies in bestaande gebieden specifieke procesmatige vaardigheden. En altijd is de legitimatie van het ontwerp aan de orde. Niet zelden staat hierin de stilistische verhouding tussen de architectonische interventie en de stedelijke omgeving centraal. De stijlkwestie leidt naar de overtuigingen van de ontwerper. Het is blijkens bovenstaande citaten al lang geen gegeven meer dat de vernieuwing van de stad in het verlengde van haar historie wordt gezien. De internationalisering van de economie laat ogenschijnlijk weinig ruimte voor de specifieke geschiedenissen van steden en in het ontwikkelingsjargon wordt dankbaar gebruik gemaakt van de diensten van het twintigste-eeuwse modernisme, dat een benadering van contrast en stijlbreuk introduceerde.

'De stad is niet alleen historische gelaagd, ze is "verknipt" in haar beginselen.' Dit is een even meedogenloze als adequate karakterisering van de moderne stad door Bernard Colenbrander.[1] Onze steden zijn niet meer te lezen als een synthese van historische opvattingen waarin de gebeurtenissen keurig volgordelijk zijn gerangschikt. Termen als verstrooide stad, nevelstad, netwerkstad, à-la-cartestad en tapijtmetropool zijn in de mode. In het dagelijks taalgebruik is niet altijd even duidelijk of de stad als fysiek object wordt bedoeld of de stad als samenlevingsvorm.

De stedelijke vernieuwing is een Europees thema. De Nederlandse praktijk onderscheidt zich door de nadruk op het actuele probleem van de vernieuwing van de naoorlogse woonwijken en een nonchalante benadering van geschiedenis en cultureel erfgoed. Het werkveld van de naoorlogse woonwijk is geen pars pro toto voor de stedelijke vernieuwing als geheel. Deze wijken manifesteren zich zeer krachtig in de Nederlandse stad, maar zijn uiteindelijk slechts een uniek object van interventie in een algemener verschijnsel: dat van de stedelijke vernieuwing. De Nederlandse naoorlogse stad heeft een regionale definitie, de stedelijke vernieuwing als zodanig is nadrukkelijk internationaal van aard. Precies de instabiele, verknipte stad van Colenbrander is onderwerp van interventie geworden. Wij kunnen ons afvragen hoe goed wij deze stad begrijpen. Daarnaast is de vraag aan de orde hoe wij praktisch in kunnen gaan op deze uitdaging van vernieuwing. De

1. Bernard Colenbrander, *De verstrooide stad*, Rotterdam (NAi Uitgevers) 1999, p. 37.

aspecten van kennis en methodiek dienen helder onderscheiden te worden. Het kennisvraagstuk is verbonden aan specifieke werkvelden, zoals de naoorlogse stad, de havengebieden, de verdichting van de stad etc. Het methodische probleem is meer verbonden met de activiteiten van stedelijke vernieuwing als zodanig.

De kennisvraag is zeer breed. De stad wordt immers zowel historisch, fysiek, geografisch, economisch als sociaal gedacht. Daarnaast zijn nog uiteenlopende verbanden tussen deze verschillende vakmatige invalshoeken te leggen. Er kan echter gesteld worden dat de geschiedschrijving en ontwerptheorie van architectuur en stedebouw niet is gericht op reconstructie: onze architectuurhistorie concentreert zich op nieuwbouw, de stedebouwgeschiedenis op stadsuitleg. De stad wordt nog vaak als statisch voorgesteld. Dat ontneemt het zicht op het aanpassingsvermogen van de stad. Elke Europese stad is immers talloze malen van gedaante veranderd. Ooit zorgde de verstening van de oorspronkelijk houten middeleeuwse stad bijvoorbeeld voor een essentiële wijziging van de architectonische typologie in het stedelijke weefsel. Er is niet veel literatuur waarin de bewerking van de bestaande stad als ontwerpopgave centraal staat. Wel lijken jongere historici de bestaande stad te hebben ontdekt. Het overzicht dat Crimson onder de titel *Re-urb* publiceerde, laat bijvoorbeeld uiteenlopende Nederlandse voorbeelden zien van 'nieuwe plannen voor oude steden'. Het probeert een echt 'kennis'-boek te zijn: Crimson voorziet de getoonde plannen van achtergrondinformatie en van een globale architectuurhistorische duiding, maar er ontstaat geen inzicht in de gevolgde ontwerpmethoden.[2]

In de huidige context van de stedelijke vernieuwing lopen de opvattingen over een actuele opgave in de naoorlogse stad uiteen. Het wekt geen verbazing meer dat over dergelijke grote thema's in de ontwerpwereld geen consensus bestaat. Er bestaan uiteenlopende interpretaties van het historisch materiaal, verschillende analyse- en ontwerpmethoden en uiteraard verschil van inzicht over de verkieselijke handelwijze. Het illustreert dat de stad niet alleen verknipt is in zijn beginselen, maar ook in zijn analyse en bewerking. Markanter (en veel verbazingwekkender) echter dan de professionele verschillen van inzicht zijn de divergerende rollen die de ontwerpers adopteren.

Zo vinden wij de architect als procesingenieur, ideoloog, verleidingskunstenaar, visionair en boeienkoning. In de vermeende complexiteit van de stedelijke vernieuwing profileert de architect als procesingenieur zich als de partij die conflicterende belangen verzoent en deze integreert in een plan. Het is een oude troef

2. Crimson, *Re-urb, Nieuwe plannen voor oude steden*, Rotterdam (Uitgeverij 010) 1997.

die hier wordt gespeeld. De architect zou één van de weinigen in het bouwproces zijn die voldoende overzicht over de materie heeft. Hij is bovendien in staat om grote informatiestromen te verwerken en te bemiddelen tussen verschillende standpunten. Zijn plan is het onderhandelingsresultaat. De architect als ideoloog is in opkomst. Dit is de ontwerper die waakt over het culturele erfgoed dan wel het sociale kapitaal van de stad. Dezelfde rol wordt dus in twee varianten opgevoerd, maar heeft in beide gevallen bij voorbaat de consolidatie van de stad en zijn gebouwen tot inzet. De ontwerper als verleidingskunstenaar levert daarentegen fantastische nieuwe identiteiten, doorgaans in scherp contrast met de bestaande stad. De bestaande stad is voor de verleidingskunstenaar vooral een schrikbeeld. De verleidingskunstenaar is verwant aan de ontwerper als visionair. De visionair verhandelt echter verhalen waar de verleidingskunstenaar voorziet in beelden. Soms hebben zij elkaar echter nodig en vullen zij elkaar aan. De ontwerper als boeienkoning ten slotte is de architect die een persoonlijk antwoord op het ontwerpprobleem geeft en het bij zijn positionering moet hebben van het breed uitmeten van de overwonnen moeilijkheden in zijn scheppingsproces. Misschien is dit een restant van de sterk moralistische architectuuropvattingen die van oudsher bestaan.

Vrijmoedig worden in dit rollenspel de mogelijke verantwoordelijkheden en competenties van de architect uitvergroot. Maar waar is in dit feestgedruis de architect als architect gebleven? De ontwerper als vakman/vrouw die het ontwerp zelf tot inzet van zijn/haar werk maakt is in de praktijk meer afwezig. Endry van Velzen heeft het in dit verband over het ontwerp als een techniek voor de stedelijke vernieuwing. Hij verbindt het kennisvraagstuk van de diverse werkvelden binnen de stedelijke vernieuwing aan concrete operationele doelen. Dit vermogen om een link te leggen tussen vakkennis, probleemstelling en ontwerp lijkt de kern van zijn beroepsopvatting: 'Het vraagstuk van transformatie veronderstelt kennis van de architectonische en stedebouwkundige opbouw van het te vernieuwen gebied. Men moet op de hoogte zijn van de "gebruiksaanwijzing" van het gebied om betekenisvolle interventies te kunnen voorstellen.' Hij pleit vervolgens voor de concretisering van vernieuwingsstrategieën in realistische bebouwingsplannen. 'Deze spelen een belangrijke rol in de planvorming, omdat zij de schakel vormen tussen de verschillende schaalniveaus. Zij leggen de verbinding tussen algemeen beleid op het hogere schaalniveau, zoals vastgelegd in structuurvisies of bestemmingsplannen, en de ontwikkeling van bouwinitiatieven voor specifieke locaties. [...] Daarmee markeren ze het moment waarop de belangen van de publieke zaak en die van het private initiatief met elkaar in overeenstemming worden gebracht.'[3]

In dit boek staat de kapotte stad centraal. In de stedelijke vernieuwing is het maar al te vaak niet duidelijk wat nu precies kapot is. Grootschalige ontwerpopgaven betreffen zowel complexe maatschappelijke als fysieke problemen. Deze zijn bovendien onmiskenbaar met elkaar verweven. Toch is het goed om zo helder mogelijk te krijgen welke vernieuwingsaspecten van de kapotte stad binnen het domein van de architectuur vallen en welke niet. Dit boek is een handboek, dat gaat over dit soort methodische aspecten van de stedelijke vernieuwing. Nadrukkelijk is het geen kennisboek over het fysieke werkveld. Ondanks de fixatie op nieuwbouw en stadsuitbreiding zijn de uiteenlopende gedaanten van de bestaande stad min of meer uitputtend beschreven. De fysionomie van de stad vertegenwoordigt geen acuut kennisvraagstuk meer. Maar er zijn weinig handboeken over het *ontwerp* in de bestaande stad. Er is behoefte aan een dieper debat over de methodische aspecten van de architectonische praktijkuitoefening in de kapotte stad en de opvattingen waarop deze zijn gebaseerd.

Waar bij stadsuitbreiding de notie van tabula rasa nog denkbeeldig is, speelt in de kapotte stad de studie en beoordeling van de fysieke context per definitie een rol. Of (en hoe) de bevindingen daarvan van invloed zijn op de interventie is een kwestie van opvatting, maar wel één die directe gevolgen heeft voor de methodiek van het ontwerpen zelf. Aan het methodische handboek gaat dus een stellingname vooraf. Luigi Snozzi zette ooit de spanning die bestaat tussen zijn persoonlijke overtuigingen en de autonomie van de architectuur op scherp: 'Ik ken het architectonische ontwerp geen direct politieke rol toe, maar ik verzet me uitdrukkelijk tegen elke poging om het vakmatige engagement van het politieke te scheiden.'[4] Precies die architecten die de autonomie van hun vak verdedigen, zoals Snozzi en Van Velzen, bepleiten een politieke inzet van hun ontwerpen. Hun rationele vakbenadering enerzijds en de bereidheid om publieke gesprekken over hun werk te hebben anderzijds is geen tegenstrijdigheid, maar een radicale vorm van realisme.

Dit handboek levert verschillende methodes voor een behoedzame vernieuwing van de bestaande stad. In de hoofdstukken 2 en 3 wordt deze claim nader gepreciseerd. Aan de hand van een kritische lezing van het werk van een aantal Europese architecten wordt een positie bepaald ten opzichte van begrippen als

3. Endry van Velzen, 'Het ontwerp: een techniek voor stadsvernieuwing, enige overwegingen bij de ontwerpopgave voor de naoorlogse stad', in: *Stedebouw & Ruimtelijke Ordening*, no. 5, oktober 2002.

4. J. Christophe Bürkle, Jörg Friedrich (ed.), *Luigi Snozzi – Urbanistische Projekte, Ideen und Arbeiten 1972-1997*, Zürich (Niggli) 1997.

contextualisme, *regionalisme* en *traditionalisme*. Deze noties zijn dicht bij elkaar komen te liggen. Deze lezing levert inzicht in de bruikbaarheid van deze begrippen voor de grote bouwstromen. Deze bouwstromen zijn voor de kwaliteiten van de stad cruciaal, maar stellen door hun groot economisch gewicht eisen aan het ontwerp. Waar op de schaal van het enkelvoudige gebouw de verhouding met de stedelijke context wellicht nog stilistisch van aard blijft, ligt dit op de schaal van het ensemble complexer. Daar zijn immers uitspraken nodig over de status van de historische relicten, de betekenis ervan en concrete adviezen over sloop, handhaving of aanpassing ervan. De definitie van de opgave wint kortom aan betekenis. Voor een behoedzame omgang met de bestaande stad is de opgavedefinitie essentieel. Wanneer totale conservatie geen gegeven vooraf is, wordt het snijden in de historische erfenis immers een daad van vormgeving. Ook sloop is een architectonische handeling en kan als ontwerp gezien worden. De leegte die na sloop achterblijft is te zien als de contravorm van het eigentijdse gebouwde object. Deze contravorm relativeert in zekere zin de eenzijdige nadruk op het nieuwe ontwerp, en in ieder geval op het aspect van stijl. Bij het 'onderhoud' van het verleden is de inbreng van architecten nodig. Het is niet iets om exclusief aan projectontwikkelaars, bestuurders en historici te laten toevallen. Architecten zouden niet alleen hun bijdrage moeten leveren aan het ontwerp van de toekomst, maar ook aan de ordening van het verleden. Op die manier zijn nieuw en oud, ontwerp en context voorstelbaar als zaken die in elkaars verlengde liggen.

In hoofdstuk 4 wordt een schema geïntroduceerd aan de hand waarvan complexe stedelijke opgaven kunnen worden beschreven. De Kolomsgewijze Opgave DEfinitie (KODE), legt het verband tussen de historische waardering van de context, de inzet van het ontwerp en de onderhandelingsdynamiek die eigen is aan de stadsvernieuwing. Onderzocht is hoe een viertal toonaangevende Europese architecten projecten hebben ontworpen in de kapotte stad en hierbij zijn ingegaan op de historie van de plek. De projecten worden met een praktische blik benaderd. Ze worden zowel als autonoom architectonisch product alsook als resultaat van onderhandeling en externe condities voorgesteld. KODE brengt de spanning tussen de autonomie van het ontwerpvak en de externe onderhandelingen in beeld en functioneert in dit deel als analytisch instrument.

In hoofdstuk 5 functioneert KODE als ontwerpmethodisch gereedschap. Er zijn vier ontwerpoefeningen gemaakt voor het werkveld van de Nederlandse naoorlogse woonwijk. Hiermee wordt enig zicht geworpen op de toepasbaarheid van de stedelijke vernieuwingsmethoden van de bestudeerde Europese architecten op het thans zo in de belangstelling staande werkveld van de naoorlogse woonwijk. De oefeningen zijn in laboratoriumomstandigheden uitgevoerd: realisatie van de voorstellen was niet aan de orde. Wel zijn het concrete opgaven. Ze zijn gesteld door woningcorporaties met aanmerkelijk belang in de betreffende opgaven. In het ontwerplaboratorium leverden zij de programmatische kleuring van de opgave en speelden de opdrachtgeversrol.

Na afronding van het onderzoek dat aan deze publicatie vooraf ging is KODE in de praktijk toegepast. KODE is gebruikt als agenda en structureert de gesprekken over de architectonische interventie in de kapotte stad. Bij wijze van conclusie wordt de vitaliteit van de beschreven methode in het laatste hoofdstuk geïllustreerd.

2 Naar het triviale

In het denken over de positie van de architectuur in de kapotte stad zijn begrippen als contextualisme, regionalisme en traditionalisme onvermijdelijk. Het zijn noties die de afgelopen jaren dicht bij elkaar zijn komen te liggen. Het architectonische *contextualisme* lijkt een zaak van fijngevoeligheid geworden – het exclusieve domein van fijnbesnaarde ontwerpers die in de alledaagse werkelijkheid dingen zien die voor anderen verborgen blijven. Het *regionalisme* heeft zich na tussenkomst van theoretici als Kenneth Frampton, Alexander Tzonis en Lianne Lefaivre op vergelijkbare wijze tot een 'kritische' aangelegenheid van weerstand ontwikkeld.[1] Het *traditionalisme* onderscheidt zich het meest, als tegenbeweging – tegen vernieuwing, tegen het modernisme, tegen het elitaire. Het boerenverstand appelleert hierbij aan de dialoog met de wijkbewoner, het buurtsuffertje, de consument en de toevallige passant. Context, regio en traditie hebben in de academische wereld een andere lading dan in het dagelijkse spraakgebruik.

Hier zal niet gepoogd worden om deze noties te begrenzen. In een prikkelend essay heeft Adrian Forty laten zien onder welke semantische verwarringen het contextualisme gebukt gaat.[2] Forty schrijft een korte geschiedenis, die in 1950 bij Ernesto Rogers begint en in 1989 ten einde komt met de kordate uitroep 'Fuck context' van Rem Koolhaas. Forty ziet *De architectuur van de stad* van Aldo Rossi als een kritiek op Rogers' concept van *ambiente*, dat in het Italiaans een veel grotere reikwijdte heeft dan de thans internationaal gebruikte term *context*. Rossi meende dat dit begrip onvoldoende concreet was. Het was de voedingsbodem voor een wetenschappelijke studie naar de architectonische vorm en de typologie, die door figuren als Alexander en Rowe in Amerika op geheel andere wijze werd voortgezet. De observaties van Forty demonstreren dat met het contextualisme veeleer sprake is van een *attitude* dan van een begrensbaar architectonisch *systeem*. Deze attitude kruist verschillende architectonische opvattingen, waaronder het rationalisme van Rossi. Zo bezien is het contextualisme een houding die zich voortdurend actualiseert. Forty laat dat zien. Het is dan ook niet aannemelijk dat Koolhaas' hartenkreet het eindpunt van de contextuele geschiedenis is. Het is eerder de vraag hoe de houding die bij gebrek aan beter wordt omsloten door de termen contextualisme, regionalisme en traditionalisme, een nieuwe inhoud kan krijgen.

In dit perspectief zijn na 1989 interessante stappen gezet. Als voorbeelden dienen het werk van de Brit Tony Fretton en de Zwitsers-Tsjechische architect Miroslav Šik. Beiden hebben pregnante pogingen ondernomen om de bewijslast te leveren voor een architectuur die de alledaagse stad centraal stelt.

1. Kenneth Frampton publiceerde in 1983 het essay *Towards a critical regionalism: six points for an architecture of resistance*, dat voortging op eerdere observaties van Tzonis en Lefaivre. Opgenomen in: Kenneth Frampton, *Labour, work and architecture, collected essays on architecture and design*, Londen/New York (Phaidon) 2002.

2. Adrian Forty, *Words and buildings, a vocabulary of modern architecture*, Londen (Thames & Hudson) 2000, pp. 132-135.

2.1 Frettons residueel classicisme

De architect Tony Fretton krijgt doorgaans een kritische positie in de marge van de Britse praktijk toebedeeld. Frettons gebouwen staan even ver af van de hightech van Foster c.s. als van de beeldgerichte architectuur die de Britse markt verlangt. Zijn werk sluit beter aan bij continentale opvattingen die door architecten als Álvaro Siza en Roger Diener worden uitgedragen. Engelse invloeden lijken zich op het eerste gezicht tot het realisme van Alison en Peter Smithson te beperken.

Fretton is in de praktijk gevormd. Na enige omzwervingen besluit hij in de jaren zestig om architectuur te gaan studeren aan de Architectural Association, waar hij in het laatste studiejaar onder de indruk raakt van James Gowan, de latere partner van James Stirling. Fretton gaat werken op grotere kantoren in Londen en doet ervaring op met grootschalige projecten. Ondertussen groeit de belangstelling voor de beeldende kunst.

Na een kortstondige zijstap als gitarist in een punkband realiseert Fretton in de jaren negentig op eigen naam een aantal kleine kunstgebouwen. De Lisson Gallery zet hem internationaal op de agenda. Hij is dan 45 jaar oud. In deze tijd vormt zich een groep jongere architecten rondom Fretton. Zij discussiëren en bereiden teksten voor aan de hand van gemeenschappelijke architectonische thema's: *Papers on Architecture*. Hoewel de groep geen vaste vorm heeft en snel uit elkaar valt is het een historisch moment.[3] Het is een eerste forum voor Britse architectenbureaus als Sergison Bates en Caruso St. John, maar ook voor een kunstenaar als Mark Pimlott. De praktische vorming van Fretton en de geleidelijke ontwikkeling van architectonische ideeën vloeien samen in een positie die van een intens cultureel realisme getuigt. De atypische en (althans voor architecten) trage start van Frettons carrière wordt een bijzondere kwaliteit. De ideeën komen voort uit de ontwerppraktijk en niet andersom.

De Lisson Gallery staat in een gevelwand die is ontstaan als een reeks smalle negentiende-eeuwse panden, waarvan alleen direct naast de Lisson nog een voorbeeld aanwezig is. De galerie is opgezet als een breed stadshuis en vervangt twee smallere panden. In de gevel is de verdubbelde breedte manifest. De hoogte van de vloeren correspondeert met het naastgelegen oude pand. Het motief van winkelpui met een deur naar de bovengelegen woning wordt in de Lisson overgenomen maar sterk uitvergroot. Het tektonische schema van het gebouw is ontleend aan de historische panden. Het gebouw doet zich voor als een huis boven een winkel, hetgeen de publieke status van de galerie bevestigt. Het tektonische

3. Arno Ritter, Peter Allison (red.), *Outside in*, Salzburg (Verlag Anton Pustet) 2000.

Lisson Gallery, Londen, Engeland.
Gevel, derde en eerste verdieping

Centre for Visual Arts, Sway, Engeland

Tietgens Grund, Kopenhagen, Denemarken

Centre for Visual Arts, Sway, Engeland

schema is conventioneel en stabiel. Het skelet en de typologie van het gebouw worden ondubbelzinnig getoond. De gevels zijn van glas en wit pleisterwerk. De schaalvergrotingen in de gevel en met name de verschoven, instabiele plaatsing van de puien zijn veel minder objectief. Fretton vertelt graag over de stad waarin hij woont en werkt. 'Londen is een verwarrende stad. Het is een stad die zich niet snel laat begrijpen, onder andere omdat de stad een zeer discontinue ontwikkeling heeft gekend. Er zijn in elk geval drie momenten in de historie van de stad geweest die belangrijke ruimtelijke breuken hebben opgeleverd. Je hebt de grootschalige interventies in de Victoriaanse tijd. Dan heb je de gaten die de bombardementen tijdens de Tweede Wereldoorlog hebben geslagen. Tenslotte zijn er de gevolgen van het commerciële modernisme van na de oorlog. Londen is ook bij uitstek een stad waarin verschillende schaalniveaus een rol spelen. Londen heeft zolang mijn generatie leeft geen homogeen stadsbeeld gehad. Dat heeft mijn ontwikkeling als architect enorm beïnvloed. Ik heb een oog ontwikkeld voor de verwarrende conditie die eigen is aan de moderne stad. Toen ik de Lisson Gallery ontwierp had ik te maken met uiteenlopende gegevens in de buurt, zoals een schoolplein, winkeltjes, nieuwe kantoorgebouwen en een opgetilde snelweg. Al deze dingen waren over de oude stad heen gelegd. De dorpsachtige eigenschappen daarvan waren alleen nog als resten terug te vinden. De Lisson Gallery reageert op al deze dingen. De grote ruiten kaderen de stad in. De stad wordt op deze plek noch als goed noch als slecht voorgesteld. Je hebt architecten, contextuele architecten, die gebruik maken van een plek door bijvoorbeeld schitterende uitzichten in te kaderen en de lelijke stukken van de omgeving buiten beeld te laten. Dit is het soort architectuur die ons een ideale wereld voorspiegelt – of, zo je wilt, een soort tuin van Eden.'[4] De instabiliteit van het stadslandschap is het thema waardoor de Lisson zich aan zijn omgeving hecht. Het bouwwerk is deel van het gruis[5] in de stad.

Fretton claimt artistieke ruimte in het ontwerpproces. Zijn beroepsuitoefening is intuïtief. De verbanden die hij legt met lokale condities zijn selectief en in hoge mate persoonlijk gemotiveerd. Na de Lisson Gallery realiseert Fretton de uitbreiding van een dorpshuis met galerieruimten in Sway. Volgens hem zijn de verwachtingen voor zo'n gebouw op het platteland totaal anders dan in het ruige stadsdeel waar de Lisson staat. De formele kenmerken van de uitbreiding ontleent Fretton aan het dorpshuis. 'Ook als het om een middelmatig negentiende-eeuws gebouw gaat, kan dat voor mij van belang zijn. Niet om mensen gerust te stellen, maar als impuls voor het creatieve werk aan mijn eigen project. Het aangaan van een dialoog met

4. Gesprek met de auteur, 27 oktober 2005, TU Delft.

5. Fretton gebruikt het Engelse woord *detritus*, dat in de geologie wordt gebruikt, *ibid*.

zo'n oud gebouw zie ik als een vorm van kunst. Het Sway-ontwerp was intuïtieve *vernacular*. Het speelt met de fictie dat het gebouw er altijd al was.'[6] De gevels van galeries zijn gemaakt van houten delen. De daken zijn met leien bedekt die ook op het dorpshuis voorkomen. De daklichten voor de galeries leveren grillige dakvormen die zich zowel in het interieur als in het exterieur manifesteren. De galerie in Sway voegen zich in het beeld van stallen en boerenschuren. Het is Frettons meest timide project.

Vanaf de eeuwwisseling realiseert Fretton grotere projecten in Polen, Nederland en Denemarken. Zijn bureau groeit en het karakter van zijn werk verandert. Ellis Woodman heeft opgemerkt dat in deze generatie projecten de mogelijkheden voor de 'micro-contextuele verhoudingen' die zijn oudere werk kenmerken beperkt zijn. Het zijn ook meer prestigieuze projecten: 'wij zijn er uiteindelijk omdat we glamour en elan kunnen leveren.'[7] Frettons ontwerpen worden schijnbaar neutraler. Hij gebruikt regelmatige gridgevels die, nog steeds volgens Woodman, zorgen voor een nieuwe, laconieke, abstracte kwaliteit. Fretton zegt tevreden te zijn als een gebouw er onpersoonlijk uitziet. Hij is minder geïnteresseerd in formele kruisbestuivingen dan in de tijd waarin Lisson en Sway tot stand kwamen. Hoewel Fretton zich er niet op vast laat pinnen, en ook hier weer staat op zijn persoonlijke artistieke ruimte, werkt hij met 'een soort residueel classicisme'.[8] In een gebouw aan Tietgens Grund in Kopenhagen reageert hij op een nabijgelegen voorname marmeren kerk, maar ook op allerlei dingen van de alledaagse stad. De classicistische wetten leveren rust. Fretton kiest motieven uit de omgeving, bewerkt deze en brengt ze onder in een klassiek ordenend systeem, maar hij gebruikt geen stilistische figuren meer die uit de omgeving zijn gehaald om het beeld van een nieuw gebouw te dragen. Fretton wijst elke vorm van traditionalisme en nostalgie heftig af. In Engeland is het volgens hem niet meer mogelijk om het begrip nostalgie te ontkoppelen van zijn negatieve, traditionalistische connotaties. Britse empiristen zoals Charles Jencks, en niet te vergeten the Prince of Wales, zijn in Frettons ogen aan de haal gegaan met het classicisme. Bij hen is het een picturaal classicisme geworden. Fretton lijkt meer verwant aan het Smithson-echtpaar en Mies van der Rohe, die een gemoderniseerd classicisme uitvonden door paradoxaal genoeg dicht bij de architectonische wetten te blijven. Ondanks zijn verzet tegen alles wat naar traditie ruikt, plaatst Fretton zich hiermee in een classicistische traditie die al eeuwen in staat is om tijd- of plekgebonden iconografie te accommoderen. Voor hem blijft dat laatste van belang: 'Architecture can say!'[9]

6. *Ibid.*, noot 4.

7. Ellis Woodman, 'A shift in scale', in: *Building Design*, 3 februari 2006.

8. *Ibid.*, noot 4.

9. *Ibid.*, noot 4.

2.2 Šiks operatief traditionalisme

De perspectieftekeningen die de Zwitsers-Tsjechische architect Miroslav Šik en zijn leerlingen vervaardigen nemen een centrale plaats in het ontwerpwerk in. De tekeningen laten zich in hun realisme en somberheid goed vergelijken met de film *Down by Law* van regisseur Jim Jarmusch.[10] De film verhaalt van drie personages wier levensgeschiedenissen kortstondig en tegen wil en dank samenvallen. De plot is eenvoudig. Pooier Jack en DJ Zack doen duistere zaken in de nacht van een naamloze Amerikaanse stad. Zij ontmoeten elkaar in een gevangeniscel, waar ook Roberto arriveert. De drie besluiten te vluchten en maken een barre tocht door een moeras dat even uitgestrekt als troosteloos is. Zodra zij in de bewoonde wereld terugkomen scheiden de wegen zich. De film is nauwelijks een karakterstudie te noemen. *Down by Law* is ostentatief in zijn grotestadskitsch. Clichés worden niet geschuwd. Een gevangeniscel is een Amerikaanse meerpersoonscachot met een stalen hek aan de voorzijde en de Amerikaanse slum is alles wat men zich erbij voor kan stellen. De zwartwitfotografie van Robby Müller is korrelig en wordt begeleid door de rauwe neoblues van hoofdrolspeler Tom Waits. Het blijft niet bij een sfeertekening of karikatuur. Jarmusch registreert de pogingen van zijn personages zich hun schrale omgeving eigen te maken. We zien Zack onmachtig blikjes door de straten schoppen. De stad wordt van hem door op de stoeprand te zitten en tegen lantaarnpalen te leunen. In zijn toch al morsige cel is Zack vooral doende om met houtskool kalenderstrepen te zetten op de muren. In het moeras kraken de helden een vishut die als twee druppels water lijkt op hun gevangeniscel. Kortom, het verhaal gaat ondubbelzinning over overleven: de vlucht voor achtervolgers, het maken van vuur, het roosteren van konijnen, het vinden van onderdak. De cameravoering is statisch en registreert hoe de drie reisgezellen zich zonder illusies teweerstellen in een harde eigentijdse leefwereld.

De perspectieftekeningen van Miroslav Šik en zijn leerlingen zijn met de hand of met de computer gemaakte studies naar de context waarin hun ontwerpen bestaan. De realiteit van elektriciteitsmasten, putdeksels en bestratingen maakt daar deel van uit. Šik geeft het stof op straat nauwkeurig weer. Het licht valt zoals het in de werkelijkheid het geval is. Blauwe luchten en menselijke figuren (laat staan in de vorm van mondaine skaters of kletsende moeders met kinderwagens) ontbreken. De nieuwe gebouwen die in dit decor verrijzen lijken zich te versmelten met hun omgeving – ze zijn als de houtskoolstrepen van Zack op de wanden van zijn cel. Šik geeft grif toe dat de tekeningen negatief en melancholisch zijn en verwijst dan naar

10. Zie de catologi van studentenwerk: *Professur Šik*, No. 1 t/m 4, ETH Zürich 2001 t/m 2004.

de culturele condities waarbinnen hij zich als afgestudeerd architect ontwikkelde: het werk van Wim Wenders, bovengenoemde Tom Waits en Jim Jarmusch, de ramp met de kerncentrale in Tsjernobyl, de somberheid van de jaren tachtig.[11]

De perspectieven van Šik zijn geen presentatietekeningen die een ontwerp aan de man brengen. Het zijn extreem arbeidsintensieve producten, waarin het handschrift van de vervaardiger afwezig is. Via een langzaam registratieproces wordt inzicht in de realiteit van een locatie vastgelegd. De perspectieftekening is bij Šik een weerbarstig ontwerp- en onderwijsinstrument. De traagheid en de toewijding, die nodig zijn om de technische perfectie te bereiken, stimuleren een net zo trage, overwogen en geconcentreerde uitspraak over het ontwerp. Deze bewuste traagheid alleen al verhoudt zich kritisch tot het vormonderzoek dat vandaag de dag *en vogue* is. De *visuals* van glinsterende wokkels en blobs, hoe indrukwekkend ook, zijn immers onwaarschijnlijk snel te produceren. Met het toenemen van de prestaties van de CAD-technologie en de afname van de rekentijd, komt ontwerpen neer op snelle data-invoer. Šik neemt in deze situatie een traditionalistische positie in en doet dat op een specifieke manier. De melancholie in Šiks tekeningen is onmiskenbaar, maar net als Jarmusch' film zijn deze documenten meer dan sfeertekeningen. Je kunt zeggen dat de tekening een techniek van kennisverwerving is.

In de voorstudie van het katholieke centrum Sankt Anthonius in Egg presenteert Šik een naïef beeld met bladloze bomen, veel schaduw, weinig contrast en onverzadigde aardkleuren. Een lage tuinmuur in de voorgrond suggereert afstandelijkheid van de auteur. De lucht is heldergrijs. Aan de rechterrand van het beeld is een gebouw zichtbaar met een overhangende goot en een bochtige regenpijp. Verder is zichtbaar een lang gebouw met een vijftal industrieel aandoende stolpdaken. Deze zijn voorzien van zeer kleine leipannen, die evenals de goot en misschien ook de gevelafwerking doorlopen in een lager volume, dat haaks op het lange gebouw staat. De aanhechting van beide gebouwen vormt het hart van de compositie. Nauwkeurig aangegeven zijn de diagonale roedeverdelingen in de kozijnen en de lantarens van de daken. Gebouwen, bomen en tuinmuur omsluiten een verhard pleintje waarop schel licht valt. Het beeld geeft niets prijs van de functie van het ensemble. Zonder aanvullende informatie wordt de aard en omvang van de ontwerpingreep niet duidelijk. Het is een autonoom tafereel. De conventies van de architectuurtekening ontbreken, oud en nieuw staan naast elkaar. De ouderdom van het getekende ensemble is niet te schatten. Het is een beeld van een kerkelijk centrum, maar kan zonder moeite voor een verlaten rangeerterrein, abattoir of

11. Interview 23 november 2004, ETH Zürich.

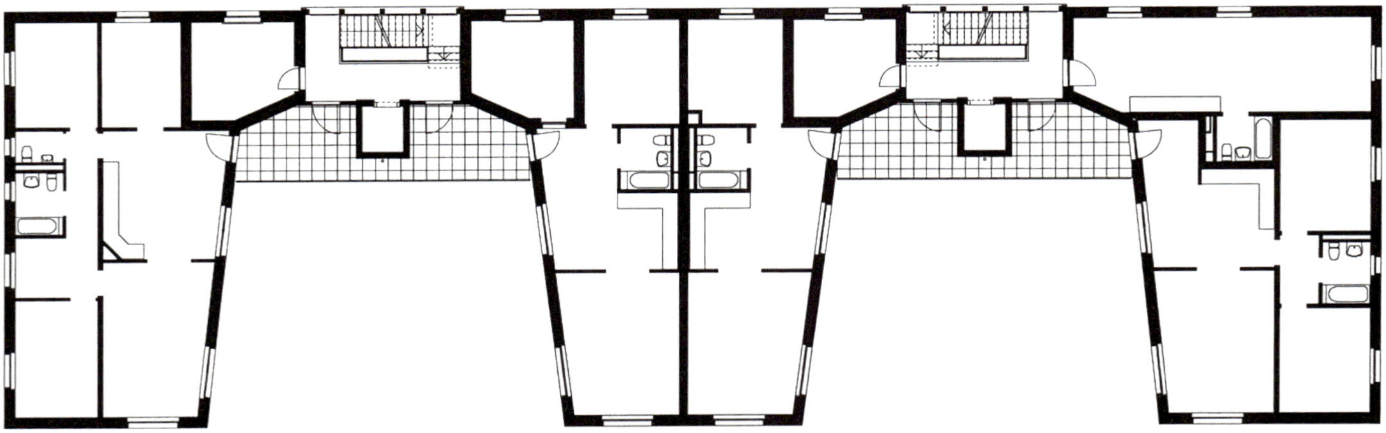

Muzikantenwoonhuis, Zürich

Gevel, balkonzijde, plattegrond, interieur

Perspectieftekening uit de voorstudie

Katholiek centrum Sankt Anthonius in Egg

Interieur

industrieel complex doorgaan. Luchtig is het allemaal niet. Het tafereel doet een pregnant voorstel voor een concrete plek: een dorp aan de noordrand van de Zwitserse Alpen, waar hetzelfde schelle licht valt als op de perspectieftekening.

Het kerkelijk centrum in Egg is niet op deze manier gerealiseerd. De vijf stolpdaken zijn vervangen door een langgerekt zadeldak, de diagonale roeden zijn niet aanwezig. Onbekend is of voor het uitgevoerde ontwerp een nieuw perspectief is gemaakt. Wel is zonder moeite vast te stellen dat in de voorstudie de architectonische programmatuur van het uitgevoerde ontwerp in de kiem aanwezig is. De ruimtelijke organisatie van het ensemble komt overeen. Het lange gebouw dat het nieuwe kerkelijk centrum bevat is uitgewerkt met een dubbelsymmetrisch grondplan met afgeknotte einden. De nok is van zink en bevat de noodzakelijke roosters voor de installaties. Het dakvlak is organisch verknoopt aan het dak van een bestaand laag gebouw, dat de verbinding vormt tussen het kerkelijk centrum en een historische houten kerk. Dit dak lijkt oud, maar is in feite aangepast (de nok is doorgetrokken) om een traditionele kilgoot ter plaatse van het dak van het kerkelijk centrum te maken. De gevelafwerking van kleine houten leien is ontleend aan de naastgelegen dorpskerk. Typische details, zoals de kleine afstaande randjes bij horizontale aansluitdetails, komen in de nieuwbouw terug. Het zijn nuchtere bouwkundige details, die zich in het Alpenklimaat bewezen hebben. Aan de achterkant van het ensemble manifesteert dit rijm zich het sterkst, daar waar de concave vormen van kerk en kerkelijk centrum samen beelden vormen. De diagonale roeden die in het oude kerkgebouw voorkomen, hebben in de bouwpraktijk van vandaag, waarin immers loodzwaar driedubbelglas wordt toegepast, geen geldigheid meer en zijn mogelijk om die reden losgelaten. Het kerkelijk centrum leunt in de uitgevoerde variant veeleer op de sterke tektonische doorwerking van producten die vandaag de dag voorhanden zijn. Het is een houten gebouw geworden met een repeterende reeks spanten waartussen stolpramen zijn geplaatst. De afwerking van het interieur is in het gehele ensemble gelijk: veel onbehandeld hout, getimmerde lambriseringen, natuurstenen vloeren, geperforeerde akoestische platen en karakteristieke licht-groene kleuren. Oud en nieuw zijn niet in een contrast met elkaar geplaatst, maar in een continu spectrum van architectonische details ondergebracht. Het perspectief thematiseert in de ontwerpmethodiek van Šik de verhouding tussen het nieuwe gebouw en zijn stedelijke werkelijkheid als een *ontmoeting* – en niet zozeer als een *superpositie* van het één op het ander.[12] De verhouding tussen de bestaande stedelijke fragmenten en nieuwe architectonische interventies is een wederkerige.

12. Ik parafraseer hier Mark Pimlott. ‘American and European ideas about space and place are entirely different: the former is forged out of system-based strategies superimposed on the World and the latter from a meeting with the World, in which resides the possibility of encounter with otherness.’ Mark Pimlott, *Without and Within: Essays on Territory and the Interior*, Rotterdam (episode publishers) 2007, p. 10. Zo bezien is Miroslav Šik beslist een Europese architect.

Het kerkelijk centrum heeft, net als in de voorstudie, geen vorm die de publieke functie ondubbelzinnig representeert. Ook in de gerealiseerde variant liggen agrarische of pre-industriële referenties eerder voor de hand. Tijdens het uitvoeringsproces zijn sommige letterlijke contextuele referenties, zoals de diagonale roeden, afgezwakt. Andere zijn versterkt, zoals de behandeling van de houten leien. Ten opzichte van het voorontwerp, waarin nu eenmaal beperkte anticipatie mogelijk is op de praktijk van de bouwplaats, is aan kracht gewonnen door de aanvaarding van nuchtere tektonische keuzen en de samenhang van de samenstellende delen van het ensemble. Anderzijds was dit gebouw ondenkbaar zonder de voorstudie. Het uitwerkingsproces heeft kwaliteiten toegevoegd. Het gebouw is resultaat van voortschrijdend inzicht, vermeerdering van kennis dus, op basis van helder geformuleerde (of in dit geval: getekende) ontwerpintenties. De voorstudie zou je af kunnen doen als een niet-gehaalde ontwerpambitie. Juister lijkt mij dat de tekening die aan het uitwerkingsproces vooraf ging als opgavedefinitie heeft gefunctioneerd. Het is letterlijk en figuurlijk een ontwikkelingsperspectief.

In de West-Europese contextuele architectuur is het gebouw in Egg een indrukwekkend leerstuk. Het is een unieke opgave op een unieke plek. De opgave van een openbaar gebouw in een min of meer gevoelige historische context is heroïsch genoeg om zich binnen de 'hoge architectuur' een plaats te verwerven. Een wezenlijk aspect van de positie die Miroslav Šik inneemt is echter zijn draai naar wat hij de onheroïsche, triviale opgave noemt.

Tijdens zijn studie aan de ETH Zürich van 1972 tot 1978 werd zijn generatie (waartoe ook figuren als Roger Diener, Marcel Meili, Pierre de Meuron en Jacques Herzog behoren) beïnvloed door Aldo Rossi. Het is illustratief om Šik hierover zelf aan het woord te laten: 'Rossi's realisme, en dat van Grassi, was voor ons richtinggevend. Tot ongeveer 1976 deden we Rossi na, we tekenden altijd een Rossi-plattegrond en een Rossi-gevel. Het onderscheid tussen typologie en morfologie bestond nog. Ik heb nog steeds veel sympathie voor deze eerste Rossi, de ontwerper van de Gallaratese in Milaan en de witte scholen in Noord-Italië. De publiciteit rond Venturi was een keerpunt. Wij keerden ons naar het triviale. Wij zijn daarin allemaal onze eigen weg gegaan, maar een constante is toch altijd een bepaalde ernst. Ex negativo: de postmoderne ironie van Krier paste daar niet bij. Het was destijds gangbaar op de ETH om heel lang onderzoek te doen en te assisteren. Toen ik hoofdassistent bij Fabio Reinhardt was ging ik op zoek naar andere bronnen. Dat waren voor mij de andere modernen, zoals Dudok en

Eschauzier, niet de CIAM modernen. Ik bezocht Nederland en ging op zoek naar het werk van de architecten uit het boek *Nederland bouwt in baksteen*, dat ik ergens had gevonden. Maar ik keek ook naar niet door architecten gemaakte bouwsels en viaducten. Mijn belangstelling voor het profane en onspecifieke groeide. Het was de tijd van *Architecture without Architects*. Ikzelf heb het typologische aspect als eerste laten vallen. Klassieke regionale oplossingen moet je mengen met andere stijlen. Herzog doet dat heel mooi, maar op een plek waar het niet vandaan komt. Dat klopt niet. Net als de houten shingles van Zumthor in een dorp waar alles met steen wordt gebouwd. Dat vulgariseert. De beelden zelf zijn ontegenzeggelijk prachtig, maar ze provoceren en staan op de verkeerde plaats. Verfremdung braucht man nicht! Mijn stijl ligt tussen Venturi en de vroege Rossi in.'[13]

De door Šik in 1987 opgericht groep Analoge Architektur continueerde een bepaald deel van het programma van Aldo Rossi aan de ETH Zürich.[14] De manifesten en projecten van de groep werden tentoongesteld in Parijs, Berlijn, Straatsburg en Wenen. Vanaf 1999 is Šik hoogleraar aan de ETH Zürich. Hij schreef essays, die in 2001 gepubliceerd werden in de bundel *Altneue Gedanken, Texte und Gespräche 1987-2001*.[15] Net als zijn tekeningen zijn de teksten streng van toon, gesteld in krakend, archaïsch aandoend Duits. Dit werk spreekt voor zich. In dit bestek is het belangrijk op te merken dat Šik onverbloemd positie kiest als traditionalist. Šiks geschriften preciseren deze positie voortdurend: 'Conservatisme is bang voor verandering. Als traditionalist gaat het mij daarentegen niet om het bewaren, maar om het versmelten. Traditie die zich niet voortdurend vernieuwt is ten dode opgeschreven.'[16]

De door Šik geïntroduceerde term Oud-Nieuw Bouwen vat zijn ideologische agenda samen.[17] Zijn wending naar het triviale krijgt vorm in een reeks gebouwen waar de fysieke context veel minder gevoelig is dan in Egg. Interessant is het muzikantenwoonhuis in Zürich. Het staat op een smalle strook grond in een buitenwijk uit de jaren vijftig en wordt omringd door moderne appartementen- en bedrijfsgebouwen. Het meest bepalend in dit stuk stad is eigenlijk het orthogonale stelsel van straten, voortuinen en -plaatsen. Het muzikantengebouw richt zich op de straat en volgt lokale rooilijnen en bouwhoogten, maar maakt zijn eigen interne context. De straatgevel is vlak en grijs. De achtergevel is lichtgeel en omsluit vrij gevormde tuinen waarop de woonvertrekken zijn georiënteerd. De plattegrond van dit gebouw is bijzonder. De woningen zijn georganiseerd rondom een portiek, waaraan ook de balkons van de woningen liggen. Elke woning heeft twee voordeuren aan het portiek: de één gaat naar een akoestisch goed geïsoleerde muziekkamer,

13. *Ibid.*, noot 11.

14. Catalogus: *Analoge Architektur*, Zürich (Edition Boga) 1987.

15. Miroslav Šik, *Altneue Gedanken, Texte und Gespräche 1987-2001*, Luzern (Quart Verlag) 2001.

16. *Ibid.*, p. 135.

17. Miroslav Šik wordt zelden vergeten in de standaardwerken over Zwitserse architectuur, maar wordt vaak eenzijdig neergezet als 'ideoloog' – mijns inziens onterecht. Bijvoorbeeld door Jacques Lacan in: Jacques Lacan: *A Matter of Art, Contemporary Architecture in Switzerland*, Basel (Birkhäuser) 2001, p. 20.

de ander leidt naar het balkon. Hieraan liggen de toegangen van de eigenlijke woningen. Door de balkons deel te maken van de routing in het gebouw en ze manifest op de tuin te oriënteren vormen ze de ruimtelijke spil van het gebouw. De woningen zelf zijn als een opeenvolging van min of meer vierkante kamers ontworpen. Gangen en langgerekte of amorfe ruimten komen nauwelijks voor.[18] In tektonisch opzicht is het gebouw nuchter. Het gebouw is opgetrokken uit dragende muren en is verder samengesteld uit de onspectaculaire materialen die in Zürich beschikbaar zijn. Šik bouwt 'middletech'.[19]

De straatgevel heeft net iets kleinere kozijnen dan de tuingevel. De toegangen tot de portieken liggen onder het niveau van de straat. Hier is een glimp van de tuinen zichtbaar. De hekwerken van de portieken zijn voorzien van cartooneske afbeeldingen van muziekinstrumenten. De beelden van de tuinen worden bepaald door opschietend groen, halfopenstaande Franse balkondeuren en de buitenruimten, waarop planten en stoelen staan en de was hangt te drogen. Waar de voorgevel met toegankelijke architectonische en iconografische middelen de representatie naar de publieke ruimte zoekt, ontstaan aan de achterzijde beelden die het alledaagse leven produceert. We denken weer aan DJ Zack, die zich zijn leefruimte met landerige gebaren toe-eigent.

De twee projecten van Miroslav Šik die hier centraal staan zijn het product van een scherp bepaalde ontwerpmethodiek, die past in een net zo precies beschreven ideologisch kader van de architect. De gebouwen staan op zichzelf en hebben geen verklaring nodig. De reden om deze toch te verkennen ligt in het zo prikkelend geformuleerde traditionalisme van de ontwerper. Martin Steinmann meent dat naast een idealistisch, vormgericht traditionalisme ook een operatief traditionalisme bestaat dat zich meer op de werkmethode richt. De eerste oriënteert zich op onveranderlijke waarden, de tweede is voortdurend in beweging. Steinmann illustreert deze laatste positie met het werk van de Deen Kay Fisker, die het gegeven van de twintigste-eeuwse massawoningbouw verzoende met de historische stad en de gemoderniseerde bouwpraktijk. Hij plaatste Fiskers zakelijke traditionalisme tussen de clichés van de conservatieve Deense boer en de nieuwsgierige Deense matroos.[20] Tussen de verworvenheden en de kansen van de stad, bouwpragmatiek en experiment, tussen nostalgie en verlangen, tussen de weerbarstigheid van de bestaande stad en de opwinding van de moderne metropool neemt Miroslav Šik op een vergelijkbare manier de moeite om zijn ontwerpen te koppelen aan de *larger rules* die in de stad van nu zijn te vinden.[21]

18. Er bestaat een prachtige close-reading van dit gebouw, waar ik graag naar verwijs: Lukas Imhof, 'Musikerwohnhaus', in: *Midcomfort*, no. 01/2006, ETH Zürich.

19. *Ibid.*, noot 11.

20. Martin Steinmann, 'Die Tradition der Sachlichkeit und die Sachlichkeit der Tradtion', in: Martin Steinmann, *Forme forte, Ecrits/Schriften 1972-2002*, Basel/Boston/Berlijn (Birkhäuser) 2003.

2.3 De stad 'as found'

In het oeuvre van Šik en Fretton speelt de belangstelling voor het alledaagse, het triviale en het anonieme een belangrijke rol. Beide architecten keren zich af van de monumentale bouwopgave. Chargerend kan gesteld worden dat Fretton werkt op basis van de excentriciteit, die een lange Angelsaksische traditie heeft. Dit kent een recent precedent in het werk van het architectenechtpaar Alison en Peter Smithson, dat alledaagse cultuuruitingen in een persoonlijke architectuur trachtte onder te brengen. Bekend is hun 'as found'-benadering.[22] Fretton trekt deze door naar de instabiele en vormloze hedendaagse metropool. Fretton en de Smithsons volgen in tegenstelling tot Šik *individual rules* en legitimeren hun werk door hun particulier kunstenaarschap. Šik is expliciet in zijn schatplichtigheid aan het rationalisme van Rossi en blijft zijn werk verbinden aan de 'architectuur van de stad': 'Wanneer architecturen vrijelijk uit elkaar knallen, dan ontstaan contrasten en fragmenten, maar geen stadsarchitectuur.'[23] Het gaat Šik daarbij niet zozeer om de reproductie van historische tropen of om het vinden van persoonlijke inspiratie in een gegeven context, maar om de erkenning dat elk ontwerp is ingebed in materiële en culturele omstandigheden. In dit specifieke kader is zijn werk klinisch of zelfs onpersoonlijk te noemen – er komt nauwelijks enige koketterie met vakmanschap of kunstzinnigheid aan de oppervlakte. Daarentegen zijn Šiks perspectieven en teksten operatief in de ontsluiting van de regels die op het ontwerpvoorstel van toepassing zijn verklaard. Šik zoekt niet de grenzen van de notie van traditionalisme op – dat is meer iets voor academici – maar tracht inhoud te geven aan de kern van een geactualiseerde, traditionalistische beroepsuitoefening.

Fretton blijft in zijn moralisme sterk verbonden aan de 'kritische' retoriek van de generatie Rossi-Frampton. De ideologie van Šik is ondergebracht in gescheiden circuits: die van het onderwijs, de essayistiek en het bouwen. Zijn geschriften zijn misschien prekend. In de bouwprojecten daarentegen worden geen ostentatieve pogingen tot waardering ondernomen en zeker geen persoonlijke voorkeuren gearticuleerd.

De aandacht voor het triviale opent de weg naar een architectuur voor de massa van de stad. Het werk van figuren als Fretton en Šik is een belangrijke stap ten opzichte van eerder contextueel werk dat zich richtte op de monumenten van de stad. Bedacht moet worden dat Koolhaas' 'Fuck context' in 1989 ging over zijn ontwerp voor de enorme Franse bibliotheek, die onderdeel was van de prestigieuze reeks 'Grand Projets' van president Mitterand en dus expliciet thuis

21. Wolfgange Sonne onderscheidt in het traditionalisme architecten die zich baseren op *individual rules* en diegenen die zich op *larger rules* richten. Discussiebijdrage op het congres *Tradition Today*, georganiseerd door de Academie van Bouwkunst Rotterdam op 15 november 2007. Sonne doelt op twee uiterste posities die op het congres werden ingenomen door de individualist Tony Fretton en de systeemdenker Paul Kahlfeldt.

22. Claude Lichtenstein, Thomas Schregenberger, *As found, the discovery of the ordinary*, Baden (Lars Müller Publishers) 2001.

23. Miroslav Šik, 'Wie man Ensemble entwirft', in *Midcomfort*, no. 3/2007, ETH Zürich.

hoorde in de monumentale laag van de stad, de laag van Aldo Rossi's primaire objecten en wat we vandaag de dag icoongebouwen noemen. Wanneer het de ambitie is van de architectuur om weer een rol te spelen in de grote bouwstromen van vandaag moeten echter andere accenten gelegd worden. Dit moet vooral in termen van professionalisme gezocht worden: de aandacht voor het triviale en een al te persoonlijke verwerking daarvan is in de wereld van de grote investeringen onvoldoende doelgericht. Ákos Morávanski stelt terecht vast dat het contextdebat in de architectuur zich paradoxaal genoeg niet bezig houdt met empirisch onderzoek naar de realiteit waarin architecten werkzaam zijn, maar met het scheppen van identiteiten en fictionele verhalen.[24] Het is een open vraag hoe de fragiliteit en sensibiliteit die uit het werk van architecten als Šik en Fretton spreken, een plaats kunnen krijgen in het stadsontwerp. Of platter geformuleerd: hoe wordt de contextuele architectuur in de grote bouwstromen van de kapotte stad deel van de oplossing in plaats van deel van het probleem?

24. Lezing TU Delft, 20 september 2007, aangehaald in: Dirk van den Heuvel, 'Een andere sensibiliteit – de ontdekking van context', in: *Oase,* no. 76, Rotterdam (NAi Uitgevers) 2008

3 De grote bouw-stromen

Het huisvestingsprobleem was het troetelkind van de moderne beweging. Hoewel dit natuurlijk geen exclusieve verdienste van de modernen was, zijn de massawoningbouw en de ordening van de stad in de eerste helft van de twintigste eeuw tot architectonische thema's verklaard. Met het in diskrediet raken van de massawoningbouw en de moderne beweging in de jaren zeventig zijn de grootschalige bouwprogramma's nauwelijks meer architectonisch geformuleerd. In Europa is Nederland een uitzonderingsgeval, maar ook hier is de inbreng van architecten al lang niet meer wat het rondom de Tweede Wereldoorlog geweest is. Dit laat onverlet dat de grote bouwstromen het aanzien van de stedelijke ruimte nog steeds in hoge mate bepalen. In dit verband hoeft slechts gewezen te worden op het enorme volume van renovatie- en onderhoudswerkzaamheden die zonder noemenswaardige tussenkomst van ontwerpers tot stand komen. De kapotte stad is een fysieke realiteit, maar moet begrepen worden als een territorium van onderhandeling. Het is van belang om enig inzicht te krijgen in de historische rol die de architectuur in dit soort processen speelt.

3.1 Nieuwe complexiteit

De verhouding tussen de fysieke complexiteit van de stad, de huidige maatschappelijke en stedelijke problematiek en het planningsapparaat is hierbij een eerste punt. Harm Tilman stelt onomwonden dat het vastlopen van stedelijke vernieuwingsprojecten is te wijten aan het feit 'dat in de ruimtelijke ordening en stedebouw, samenleving en ruimte nog altijd worden opgevat als statische entiteiten en dat in het verlengde hiervan ideeën van ordening gebaseerd op statische noties worden gehanteerd'.[1] Volgens hem vraagt de groeiende complexiteit van de samenleving om nieuwe benaderingen en methoden. Het ontstaan van nieuwe typen stedelijke territoria, de moderne mobiliteit, het veranderen van de maatschappij door suburbanisatie en immigratie, de nieuwe verhoudingen tussen overheid en markt en de veiligheid van de stad werken op elkaar in. Dat gebeurt steeds op een andere manier. 'Stedebouwkundige projecten worden maatwerk en kunnen niet meer terugvallen op al beproefde oplossingen.'[2] Hierin spelen onzekerheid en complexiteit een doorslaggevende rol. Het initiatief van de vernieuwing van de kapotte stad komt in toenemende mate van het maatschappelijke middenveld waarop grootschalige woningbeheerders spelen, vooral in gebieden die niet in de schijnwerpers staan. De centraal geplande stad is geen vanzelfsprekendheid meer. Dit manifesteert zich niet zozeer in de stadsuitleg,

1. Harm Tilman, 'Plan in proces – de rol van het ontwerp in de ruimtelijke ordening', in: E. Pasveer, Peter Paul Witsen, *BVR NL*, Bussum (Uitgeverij Thoth) 2004, p. 95.

2. *Ibid.*, p. 95.

waar de overheid nog cruciale planologische, juridische en logistieke rollen heeft, maar wel in de vernieuwing van de kapotte stad.

Zeker bij interventies die op vernieuwing, onderhoud of beheer lijken, is centrale sturing doorgaans afwezig, terwijl met name woningbeheerders op dit gebied toch doelstellingen, zoals de langdurige en gelijkmatige effectiviteit van hun bezit, moeten realiseren. Het zijn de beheerders van deze complexen die oog hebben voor de zaken die Tilman hierboven noemde en daardoor een proactieve houding in het beheer van hun eigendommen innemen. Er zijn fenomenen in de Nederlandse stadsplanning geslopen die vanaf de wederopbouw buiten beeld zijn gebleven: maatwerk en grootschalige 'bottom-up'-initiatieven.

Wanneer onderkend wordt dat ook in de kapotte stad onzekerheid en complexiteit een doorslaggevende rol spelen, heeft dit onvermijdelijk methodische consequenties voor de stedelijke vernieuwing. Als de architectuur en de stedebouw niet meer de gegarandeerde posities in de historisch gegroeide planningsmachine innemen, dan is bezinning op de reikwijdte en effectiviteit van het stadsontwerp op zijn plaats. De stad van vandaag, zoals Rem Koolhaas die bijvoorbeeld in zijn apocalyptische essay *Generic City* neerzet, krijgt weer trekken van de moeilijk in toom te houden speculatieve stad van de negentiende eeuw.[3] Ouderwetse, elementaire vragen krijgen in de geliberaliseerde stedelijke vernieuwing een nieuwe lading. Wie beslist? Wie betaalt? Wie profiteert?

3.2 Vraagstukken en problemen

De realiteit van macht, economie en publieke controle leidt tot een tweede punt in de onderhandelingen in de kapotte stad. Het is onvermijdelijk dat dit onderhandelingsresultaat vol zit met imperfecties, compromissen, tegenstrijdigheden, etc. Dit staat op gespannen voet met het puristische ideaal dat de architectenstand koestert voor zijn producten. In het Nederlandse werkveld van de naoorlogse woonwijk binnen de stedelijke vernieuwing is bijvoorbeeld een scherp contrast waarneembaar tussen het purisme van de canonieke woonwijken en het marktconformisme van de generieke stad dat zich nu aankondigt. De twintigste-eeuwse stadsuitbreidingen zijn in één keer gebouwd. Daarentegen is de vernieuwing ad hoc. Gevoegd bij de enorme omvang van deze woningvoorraad[4] en de zeer uiteenlopende sociaaleconomische kwaliteiten, wordt duidelijk dat de vernieuwing van de naoorlogse woonwijken verre van eenduidig is. Het is dan ook eerder een probleem dan een vraagstuk.

3. Rem Koolhaas, *Generic City*, Sassenheim (Sikkens Foundation) 1995.

4. Tussen 1945 en 1970 zijn 2.000.000 woningen gebouwd. Dit is bijna één derde van de huidige woningvoorraad. Zie: Ad Hereijgers, Endry van Velzen, *De naoorlogse stad, een hedendaagse ontwerpopgave*, Rotterdam (NAi Uitgevers) 2001, pp. 35-46.

Hans Crombag en Frank van Dun werken dit op het oog ondergeschikte verschil uit in hun boek *De Utopische Verleiding*. De kritische blik van deze rechtsfilosofen is onverkort van toepassing op het debat over de kapotte stad: 'Problemen ervaren wij, vraagstukken kunnen wij slechts formuleren. Voor elk vraagstuk wordt er geacht een oplossing te zijn als wij er maar vasthoudend genoeg naar zoeken. Met een probleem daarentegen moet je nogal eens leren leven. Weliswaar is niet iedereen in dezelfde vraagstukken geïnteresseerd, maar ieder vraagstuk heeft een objectief karakter: het is voor iedereen hetzelfde vraagstuk. Dat geldt ook voor de oplossing ervan: een oplossing van een vraagstuk is voor iedereen een oplossing ervan [...]. Er is niet zoiets als uw vraagstuk dat niet het mijne is, maar het kan gemakkelijk gebeuren dat mijn probleem het uwe niet is. De oplossing van een vraagstuk creëert geen nieuw vraagstuk, de oplossing van een probleem is dikwijls niet meer dan de verschuiving ervan of de bron van nieuwe problemen [...]. Eenmaal opgelost blijft een vraagstuk opgelost. Een probleem kan zich na verloop van tijd sterker tonen dan de oplossing die men ervoor gevonden meende te hebben.'[5]

Een wereld zonder problemen en enkel met vraagstukken belooft een wrijvingsloos bestaan zonder frustratie of angst. Vierentwintig jaar na het verschijnen van Tafuri's *Ontwerp en utopie* schrijven Crombach en Van Dun: 'De verwarring van vraagstuk en probleem, van model en werkelijkheid, houden wij voor een wezenlijk kenmerk van het utopisch denken. En ook van de utopische actie, die erop gericht is de weerbarstige realiteit aan te passen aan het veelbelovende model, in een poging aan te tonen dat onze problemen slechts bijverschijnselen zijn van nog niet opgeloste maar – uiteraard – oplosbare maatschappelijke vraagstukken.'[6] Met Tafuri hebben de schrijvers een realistische inzet gemeen, die in hun geval natuurlijk een psychologische en geen architectuurkritische bodem heeft: 'De reductie van menselijke problemen tot maatschappelijke vraagstukken en daarmee tot beleidskwesties is een aanpak die alleen in het gedroomde Utopia het goede leven garandeert. In de werkelijke wereld zou zo'n aanpak ertoe kunnen leiden dat hij ons vermogen aantast om zo goed en zo kwaad als het gaat met onze problemen te leren leven.'[7]

Zowel vanuit de invalshoek van Tilman als vanuit die van Crombag en Van Dun is het op zijn plaats om de interventie in de kapotte stad te problematiseren. De stad is niet te simplificeren tot een geluksmachine. Er bestaat spanning tussen de historie van de stad, haar steeds voortgaande maatschappelijke en fysieke vernieuwing en de architectonische stijl van het nieuwe gebouw in de stad. Dat is geen exclusief eigentijds verschijnsel. Die spanning is zelf ook een historisch fenomeen.

5. Hans Crombag, Frank van Dun, *De Utopische Verleiding*, Amsterdam/Antwerpen (Uitgeverij Contact) 1997, p. 10.

6. *Ibid.*, p. 12.

7. *Ibid.*, p. 16.

3.3 De historie van kapotheid

In het boek *Rebuilding Europe's Bombed Cities*[8] doen verschillende schrijvers verslag van de herbouw van steden die met grote oorlogsschade te maken hebben gehad. België is hierin een boeiend geval. Pieter Uyttenhove beschrijft hoe het land binnen dertig jaar twee maal ruimtelijke antwoorden moest vinden op ongekende vernietigingen. Na de Eerste Wereldoorlog waren hele steden en dorpen verwoest. Vooral burgerlijke doelen waren getroffen. Belangrijke iconen van de Belgische natie waren verloren. België had beperkte kennis op het gebied van ruimtelijke ordening. Kennis moest worden opgedaan in Engeland, Frankrijk en Nederland. Dit leidde al tijdens de oorlog tot de voorbereiding van ingrijpende wettelijke herzieningen in de ruimtelijke ordening. Terwijl de discussies over de ruimtelijke ordening na de oorlog voortduurden, vormde zich echter in de praktijk een al dan niet kunstmatig herstel van de gebouwen en monumenten. Er ontstond een paradigma van herstel van de Belgische natie in een internationale context. België bouwde 'vieux-neuf'-architectuur. Dat lag na de Tweede Wereldoorlog anders. Tijdens die oorlog waren vooral infrastructurele en industriële doelen geraakt. Volgens Uyttenhove moest het herstel na de Tweede Wereldoorlog het hervonden economische potentieel van België verbeelden. Dit zou samenvallen met de plannen van de bezetters, die de Belgische identiteit onderdrukten: 'historisch symbolisme werd afgewezen ten faveure van een pragmatisch symbolisme, dat voor het moment "vruchtbaarheid" en "actie", en voor de toekomst "jeugd" en "moederschap" benadrukte.'[9] De wederopbouw na de Eerste Wereldoorlog was een reactie tegen het barbaars vandalisme van de bezetter. De wederopbouw na de Tweede Wereldoorlog was daarentegen juist een reactie tegen de falende symbolen van de recente geschiedenis. Uyttenhove voert beide reacties terug op het klassieke conflict tussen het architectonisch traditionalisme en het modernisme.[10]

Bosma beschrijft in het boek *Een geruisloze doorbraak* hoe het Nederlandse Middelburg tijdens de Tweede Wereldoorlog ingrijpend werd gereconstrueerd.[11] Hierbij werd het stadsplan van de middeleeuwse vestingstad herzien. De openbare gebouwen, raadhuis en abdij, langs de voormalige doorgaande rechte Lange Delft, werden aan een nieuwe pittoresk geknikte straat gelegd. Deze bajonetvorm was nieuw, er bestond geen enkel historisch precedent voor. Raadhuis en abdij werden als objecten die respectievelijk de staat en de kerk representeerden, overhoeks zichtbaar gemaakt in de stad, waar de overige gebouwen straatwanden vormen. Met het plan werden tegelijkertijd allerlei economische en logistieke

8. Jeffrey F. Diefendorf (ed.), *Rebuilding Europe's Bombed Cities*, Hampshire/Londen (the MacMillan Press) 1990.

9. Pieter Uyttenhove, 'Continuities in Belgian Wartime Reconstruction Planning', in: *Ibid.*, p. 48.

10. *Ibid.*, p. 54.

11. Koos Bosma: 'Middelburg', in: Koos Bosma, Cor Wagenaar (red.), *Een geruisloze doorbraak*, Rotterdam (NAi Uitgevers) 1995, p. 125. Deze studie verscheen in bewerkte vorm overigens ook in *Rebuilding Europe's Bombed Cities*, zie noot 8.

moderniseringen van de binnenstad doorgevoerd. Ontwerper P. Verhagen ging uit van zijn persoonlijke interpretatie van de stad Middelburg. Dit kwam sterk naar voren in Verhagens voorstel om wit gepleisterde en geschilderde gevels te gebruiken: 'Ik heb de geïncrimineerde gevelbewerking niet als historisch gegeven bepleit. [...] Ik ben bang voor een baksteen-stad, doodgewoon. Het is somber (op den duur) en ook al gauw eentonig. En het is Middelburg niet.'[12] Zijn plan stelde een herinnering voor aan iets dat nooit bestaan had.[13]

De discussie die werd gevoerd over de herbouw van de St. Laurenskerk in Rotterdam raakte de kern van het architectenmetier en is nog altijd relevant. Na het meibombardement stond de kerktoren als een van de weinige gebouwen in de binnenstad overeind. Het schip was ingestort. De architecten Meischke en Van der Steur dienden in 1948 een restauratieplan in bij de Monumentencommissie, waarin collega J.J.P. Oud zitting had.[14] Oud stelde de restauratie ter discussie. 'Zover uit de verschillende acties van Oud kan worden geconcludeerd, verdedigde hij binnen en buiten de commissie het standpunt dat monumenten in de eerste plaats architectonische creaties waren die niet dienden te worden behouden als kunsthistorische ficties van stijl, maar als levende gebouwen recht hadden op eigentijdse aanpassing en vormverandering.'[15]

Het restauratieplan was in Ouds ogen in architectonische en constructieve zin speculatief, omdat de originele staat van het gebouw slecht gedocumenteerd was. Bovendien was er geen vraag naar een kerk van deze omvang. De herbouw van de kerk diende vooral een sentimenteel doel. Er werd in de ogen van Oud geen architectonisch idee gereconstrueerd. Hij maakte een tegenontwerp, waarin het grondplan en de toren van de kerk werden gehandhaafd. Voor de kerk werd een plein voorgesteld met de sculptuur *De Verwoeste Stad* van Ossipe Zadkine. Midden op de voormalige kerkvloer, waarvan enkele grafzerken werden gehandhaafd, werd voorgesteld een maquette van de kerk te plaatsen. Aan het verste uiteinde van de plattegrond tekende Oud een kleine parochiekerk in een eigentijdse vormvocabulaire. Kerkplein, toren, kerkvloer en nieuwe parochiekerk vormden een hechte ruimtelijke reeks, waar de kerk onomwonden als imperfect oorlogsrelict werd neergezet. Ouds voorstel maakte de oorlogsvernietiging expliciet en had de ambitie om de ruïne als monument in het stedelijke leven van Rotterdam te betrekken. In de monumentencommissie werd heftig gedebatteerd. Het was een discussie tussen een architectonische en een monumentale benadering van de vernieuwing van de stad. Oud verloor het pleit. Het restauratieontwerp Meischke-Van der Steur werd

12. Geciteerd door Bosma, *Ibid.*, p. 133.

13. Overigens: anders dan Uyttenhove meent Bosma dat in Nederland de bezetter zich in hoge mate onthield van ideologische inmengingen bij de wederopbouw. Waar regeringscommissaris Ringers het propageren van de Hollandse cultuur als verzetsgebaar zag, werkten de Duitse ambtenaren zonder een van hoger hand geformuleerde visie. De architectuur laat veel ruimte voor interpretatie. Wederom blijken blijken bouwwerken als verhalend medium onvoldoende precies voor politieke boodschappen. *Ibid.*, p. 129.

14. Dolf Broekhuizen, *De Stijl toen, J.J.P. Oud nu*, Rotterdam (NAi Uitgevers) 2000, p. 120 e.v.

15. *Ibid.*, p. 121.

Middelburg, stadsplattegrond vóór 1940

Middelburg, wederopbouwplan van Verhagen (GAM)

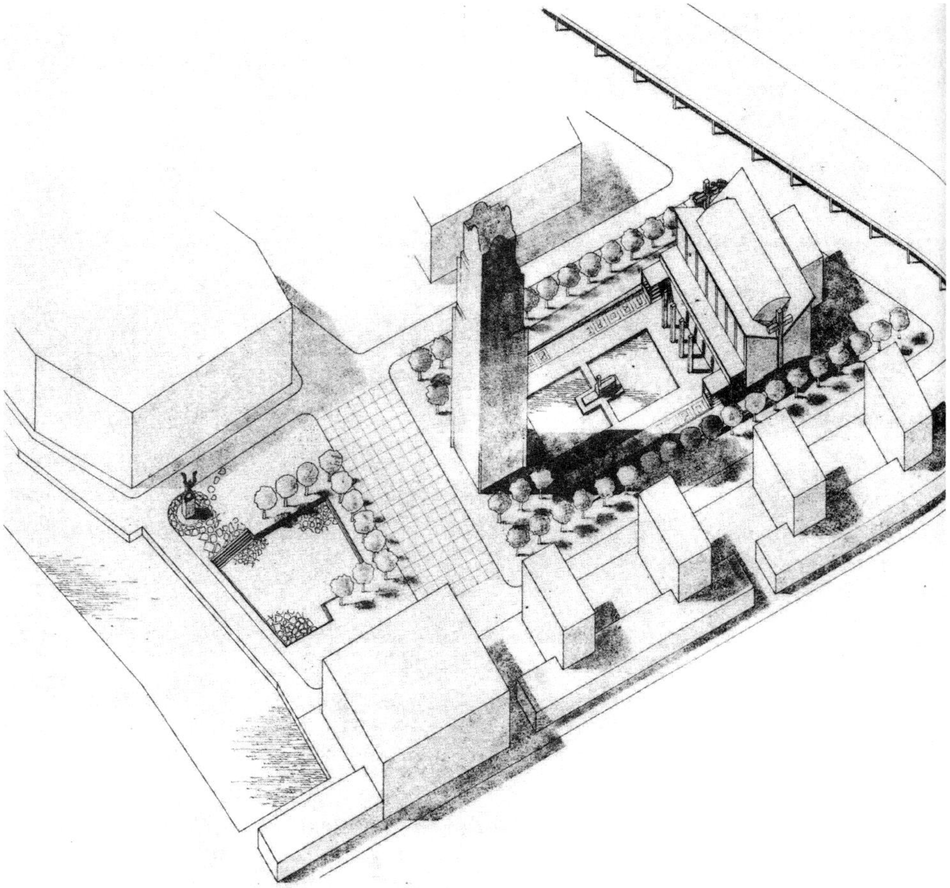

Ontwerp voor de St. Laurenskerk
en omgeving door J.J.P. Oud, 1950

gerealiseerd. Ook in dit geval was de herbouw geen accurate weerslag van zoiets als een authentieke uitgangssituatie. De sculptuur van Zadkine heeft zich nooit een vaste plaats in de stad kunnen verwerven en is enkele malen verplaatst.

Oorlogsomstandigheden zijn traumatisch. De wereld is letterlijk en figuurlijk kapot. Dit feit, gevoegd bij de acute noodzaak om te handelen, vergroot de meningsverschillen die bestaan over thema's als wederopbouw, stedelijke vernieuwing en restauratie. Het neutrale Nederland heeft tot de Tweede Wereldoorlog nooit te maken gehad met grootschalige stedelijke interventies. Anders dan in Parijs, Londen of Ieperen (laat staan Berlijn) hebben de stedebouw en architectuur zich ontwikkeld tot een techniek van stadsuitleg. Dit verklaart mede waarom de monumentenzorg zich de status van objectieve wetenschap heeft verworven en zich heeft losgemaakt van het architectenvak. De stedebouwkundige technieken en methoden van de stadsuitleg zijn in de stedelijke vernieuwing beperkt bruikbaar.

Een betrekkelijk nieuw fenomeen in de Europese stad is de vernieuwing van de naoorlogse woonwijken. De gebieden waarin deze wijken liggen zijn te kenschetsen als een open stad die grotendeels is gebaseerd op een modernistische morfologie. Theoretici als Antonio Monesteroli wijzen erop dat de stad van vandaag via objecten en vloeiende openbare ruimtes wordt ontwikkeld, terwijl de stad tot de twintigste eeuw met blokken en structuren als grids of stelsels van monumentale assen of lanen tot stand kwam.[16] In het geval van de naoorlogse woonwijken is, in elk geval in Nederland, grootschalige sloop aan de orde die het risico van nog verdergaand verlies aan stedebouwkundig structuur in zich heeft. De vraag is wat hier precies aan de hand is. In fysieke zin is immers niets kapot. Er is geenszins sprake van schade door oorlog of natuurgeweld. Veel eerder lijkt het vertrouwen in de architectuur van deze periode in het geding.[17] In de gebouwde antwoorden zien we in elk geval de twee hierboven geschetste Belgische tendensen in een nieuwe gedaante terug. Wij zien conventionele bouwvormen met de suggestie van historische authenticiteit en nieuwe bouwvormen met het aura van eigentijdsheid. In Den Haag Zuidwest zijn nieuwe stempelverkavelingen gebouwd met gebruik van nieuwe woningtypen. Grondgebonden woningen vervangen portieketageflats. De huizen hebben geen tuin en staan op een openbare grasmat. Het historische pastorale beeld gaat voor de functionaliteit van het nieuwe woonprogramma. Het is een herinnering aan iets dat nooit bestaan heeft. In Amsterdam Geuzenveld zijn nieuwe stadsblokken gebouwd met een reeks van verschillende woningtypen en ondergrondse parkeergarages. De collage van architectonische fragmenten vormt een breuk met de aanwezige

16. Antonio Monestiroli, *Urban themes*, Milaan (Edizione Unicopli) 1997.

17. Bijvoorbeeld in publieksevenementen als 'De Grote Verbouwing' in het Nederlands Architectuurinstituut. De werktitel van deze tentoonstelling en catalogus was polemischer: 'het sloopfeest'. Deze term ironiseerde zowel het slopen van de naoorlogse stad als de vernieuwing daarna. In de werktitel klonk een expliciete boodschap van de curatoren door.

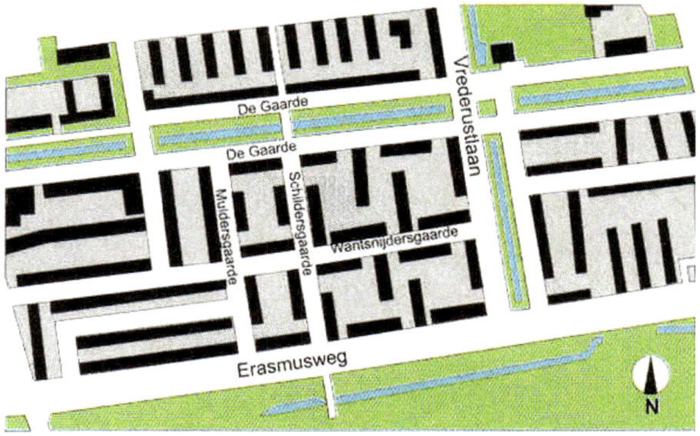

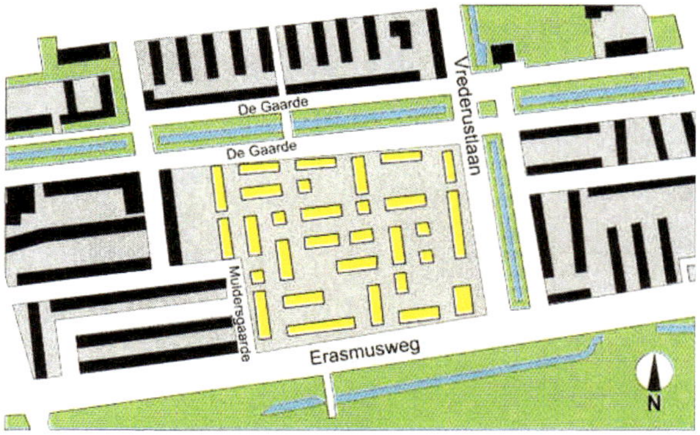

FARO Architecten, Amsterdam Geuzenveld

Van Sambeek & Van Veen, Den Haag Zuidwest

architectuur. Het is een vorm van radicale modernisering, die op gespannen voet staat met de ruimtelijke relicten die herkenbaar zijn gebleven. In beide gevallen hebben de ontwerpers persoonlijke antwoorden op het ontwerpprobleem gegeven en zijn de conventies van het alledaagse wonen genegeerd. Ook lijkt het in beide gevallen de ambitie te zijn om het beeld voor langere tijd weer te bevriezen.

Het debat dat Oud aanging over de Laurenskerk is nog altijd actueel. De positie van Oud is een derde weg tussen het streven naar modernistische en historische illusies, waarbij juist de architectonische integriteit in een dynamische wereld wordt opgezocht. Oud stelde op een fundamentele manier het probleem van stijl in de vernieuwing van de stad en deed dat binnen de grenzen van zijn eigen vak.

Met het recente realisme in de contextuele architectuur is er opnieuw aandacht voor de onheroïsche, niet-monumentale aspecten van de architectuur. De kapotte stad hoeft niet meer in primaire objecten, monumenten en niet-monumenten te worden gedacht. Het opent de weg naar een meer precieze analyse van wat Rossi het woongebied noemde. De dynamiek van deze gebieden was voor hem immers onhanteerbaar. 'In veel wijken overwegen de delen waar gewoond wordt, waarvan het aanzien in de loop van de tijd sterk verandert. Karakteristiek voor deze is meer het gebied dan de gebouwen die er staan.'[18] En daar moet het woongebied het mee doen volgens Aldo Rossi.

Tegelijkertijd kan men er niet vanuit gaan dat de herontdekte triviale stad eenduidige precedenten voor nieuwe beelden levert. De stad en zijn geschiedenis staan immers open voor interpretatie. En er bestaat geen consensus over de vraag of vertrouwde beelden op kunnen tegen de heftige programmatische dynamiek van deze tijd. Het is bijvoorbeeld bekend dat de Portugees Alvaro Siza zijn regionalisme verbindt aan een metropolitaanse ontwerphouding. Zijn architectuur is plekgebonden, maar benut daarnaast de verworvenheden van de kosmopolitische architectonische canon. Honderd jaar oud werk van de Fin Alvar Aalto hecht zich aan de Portugese *vernacular* van nu. Dit raakt precies het probleem waar Paul Scheffer in het openingscitaat van dit boek op doelde. Hij haalt niet voor niets Castells aan: 'De grootste uitdaging voor de Europese steden is hoe mondiaal georiënteerde economische functies van steden moeten worden verenigd met de plaatselijk gewortelde samenleving en cultuur.'[19] Het is een paradoxaal gegeven dat dingen slechts in stand zijn te houden door permanente zorg – door interventie en vernieuwing dus. Enige methodische aspecten van dit architectonisch denken komen in het volgende hoofdstuk aan de orde.

18. Aldo Rossi, *De architectuur van de stad*, Nijmegen (SUN) 2002, p. 69.

19. Paul Scheffer, *Het land van aankomst*, Amsterdam (De Bezig Bij) 2007, p. 94.

4 Dokter in de kapotte stad

Alvorens uitgebreider in te gaan op de analyse van vier grotere Europese complexen, is het nodig om de analyse van de projecten in de kapotte stad aan te scherpen. In de vorige hoofdstukken is gewezen op het bijzondere belang van de waardering van de relicten en een scherpe definitie van de opgave. Voorts is gebleken dat de moderne verknipte stad eisen stelt aan het onderhandelingsproces rondom de planontwikkeling. Onder deze druk is het de vraag in hoeverre de architectuur zijn autonomie kan bewaren. Beantwoording van die vraag is cruciaal, omdat het inzicht geeft in het planmatige aspect van het project. Hierbij staat niet het ontwerp als *beeld* of gave architectonische constructie voorop, maar het ontwerp als *plan* – in de ruimste betekenis van het woord. Bij een praktijkgerichte analyse van plannen zijn vier thema's te onderscheiden.

4.1 KODE

Het eerste thema is wat de beginselverklaring, de missie of de inzet van het project genoemd kan worden. Hier is gekozen voor de term *inzet*. In de kapotte stad is per definitie ergens een *aanleiding* aanwezig om tot interventie over te gaan. Daar vloeit min of meer direct de taakomschrijving van de ontwerper uit voort, hier *job* genoemd vanwege de ruimere connotatie van het Engelse woord. Dit lijkt evidenter dan het in de praktijk is. Bij de intensieve en soms gevoelige debatten over de kapotte stad lijken de aanleiding waar het ooit om begonnen was en de taakverdeling snel uit beeld te raken. Bovendien is de kapotte stad gevoelig voor *scope creep*: de opgave is vaak niet natuurlijk begrensd en heeft de neiging uit te dijen. Dat is bij aanvang van het project al lastig, maar zeker in de analyse achteraf. Om dit goed te begrijpen is een derde aspect van belang: dat van het *aggregatieniveau*. Dat is wat anders dan het fysieke plangebied. Het aggregatieniveau laat zich definiëren als het schaalniveau waarop het project fysiek en maatschappelijk inwerkt. Kleine gebieden kunnen grote publieke aandacht hebben en andersom. Dit relateert direct aan de financiering en de besluitvorming. De aspecten aanleiding, job en aggregatieniveau bestaan los van elkaar, maar werken wel op elkaar in. Een kernachtige omschrijving geeft inzicht in de inzet van het project.

Een tweede thema is de *onderhandelbaarheid* van het project. In een goed onderhandelingsspel hebben niet alle gespreksonderwerpen hetzelfde gewicht. Het publieke gesprek rondom een stadsvernieuwingsproject verschilt in dit opzicht niet wezenlijk van het familiegesprek over het huishouden of de prijsonderhandeling over een bouwproject. Bouwprojecten beginnen met verlanglijsten. Er zijn daarbij, vanuit het perspectief van diegenen die de opgave opstellen, harde en weke zaken. De harde zaken, de eventuele breekpunten, zullen hoog op de agenda staan, omdat ze sterk relateren aan de inzet van de opgave. Deze vormen het *vast deel* van de onderhandelingsagenda, te karakteriseren als 'het kan wel anders, maar het moet beslist zo'. En er zijn uiteraard andere dingen die vanuit het perspectief van een bepaalde partij niet relevant zijn, maar voor de wederpartij(en) wel en omgekeerd. Hierover kan snel overeenstemming bereikt worden. Dit is het *weke deel* van de opgave, dat zich laat kenschetsen als 'fijn om te hebben, maar het mag anders'. Daarnaast is de manier waarop claims gestalte krijgen van belang. Het is een vraag van uitwerking. Dit is het *voorwaardelijke deel* van de onderhandelingen. De condities waaronder de claims worden beantwoord bepalen het onderhandelingsresultaat: 'het is zo, maar elk beter idee is welkom.' Het voorwaardelijke deel ligt tussen de vaste en weke onderhandelingsdelen. Omdat deze aspecten alleen binnen de onderhandelingen bestaan, hebben ze a priori relatieve waarde. Ze zeggen alleen iets over de waarde van de diverse aspecten ten opzichte van elkaar. Ze staan ook los van de feitelijke volgorde en inhoud van het debat: ze zeggen uitsluitend iets over de onderhandelingsagenda zelf. De onderhandelbaarheid bepaalt het succes van het plan. Het is in de kapotte stad niet mogelijk om alles aan alles te verknopen. Zogenaamde integrale plannen staan om die reden onder druk. Het ligt in de ontwerpopgave besloten om de elementen te benoemen die stabiel genoeg zijn om het plan te kunnen dragen. Principiële zaken als typologie, maatsystematiek en constructie enerzijds en tijdgebonden kwesties als design, kleur en decoratie anderzijds zijn in dit opzicht uitersten.

Het volgende thema is de kwalificatie van de *relicten*. De uitspraak over het handhaven, herintroduceren of laten verdwijnen van *architectonische restanten* valt binnen de architectonische expertise. Niet altijd is het verband tussen de historische restanten van het verleden duidelijk. Om typologische en ruimtelijke verbanden te beschrijven is het soms nodig om naast de *fysieke restanten* ook *conceptuele relicten* te noteren. Binnen dit thema is vooral de samenhang tussen de verschillende besluiten en de motivatie interessant.

Tenslotte is het thema van de *externe condities* van belang. Op elk plan werken invloeden van buiten in. De *financiering*, de daarmee verbonden *besluitvorming* en de mandaten van de architecten zijn condities met grote gevolgen voor het ontwerp. De *programmatuur* ligt in de periferie van de architectuur, maar bepaalt het ontwerp uiteraard in grote mate. Van bijzonder belang zijn de *faalfactoren* in de analyse van een project en dan vooral voor zover zij verbonden zijn met de definitie van de opgave. Het zijn de bananenschillen van het ontwerpproces, de uitglijders die niet altijd zijn te voorzien. Wanneer echter in de analyse achteraf bredere tendensen in meerdere projecten ontdekt zouden worden, kan men er slechts van leren.

De vier thema's en de genoemde aspecten zijn in een schema met evenzoveel kolommen te noteren. Deze kolomsgewijze opgavedefinitie (KODE) geeft snel inzicht in de ambities van het ontwerp. KODE lokaliseert de diverse onderwerpen die een project tot een plan maken. Het geeft daarnaast een realistisch beeld van de reikwijdte van het architectenvak.

4.2 Analyse van de concrete architectuur

De vier projecten die volgen representeren de grote bouwstromen in de kapotte stad. De projecten zijn niet gekozen op basis van formele overeenkomsten. Het zijn daarentegen allemaal ensembles in de bestaande stad met een aanmerkelijke complexiteit. Ze bestaan uit meerdere gebouwen met nadruk op woningbouwprogramma's en hebben alle een landschapsarchitectonische component. De stedebouwkunde is vanuit de architectuur bedreven: de architecten zijn verbonden aan het project van de Europese stenen stad dat gericht is op duurzaamheid en historische continuïteit. De ontwerpers zijn familie op afstand en kunnen als een bonte verzameling trouwe nabestaanden en dwarse nazaten van Aldo Rossi worden gekarakteriseerd. De continuering van de stedelijke architectuur is structureel gedacht. De nabootsing van de kapotte stad in termen van materiaal, kleur en decoratie vormt geen drager van het plan. De ontwerpen streven naar een assertieve assimilatie in de stad. Dit is een beslissend onderscheid met het werk van architecten als Lucien Kroll en Carlo Scarpa en – in mindere mate – met de eerder besproken projecten van Miroslav Šik en Tony Fretton, die bij de vernieuwing van de stad aansluiting in sfeer, stemming of beeld nastreven.

Het concrete, tektonische karakter van dit soort stadsontwerp is een specifieke kwaliteit. In de volgende beschouwingen zijn abstracties zoveel mogelijk vermeden. Woorden als *vlak*, *verbinding* en *ontsluiting* hebben onvoldoende precisie en kunnen beter vervangen worden door concrete termen als *plein*, *straat* of *trapportiek*. Om dezelfde reden is bij de visuele presentatie van de analyse afgezien van het gebruik van diagrammen met pijlen, vlekken en andere reducties. De diagrammatische plananalyse zoals die bijvoorbeeld door Edmund Bacon en Max Risselada werd gebruikt, nivelleert verschillen in schaal, complexiteit en stedelijke textuur en is voor de analyse van de kapotte stad niet geschikt.[1] De vier projecten zijn met behulp van simpele grafische bewerkingen van luchtfoto's en spaarzame hulplijnen van uitleg voorzien. Hierbij blijft de fysieke context van het project altijd in beeld. Bij de bespreking van de projecten is steeds een KODE toegevoegd. Er is voor gekozen om per project steeds één van de thema's preciezer uit te werken.

1. Edmund N. Bacon, *Design of cities*, Harmondsworth (Penguin Books) 1974.

Chiado
Lissabon
Portugal

Relictenkaart. De structuur van de wijken Bairro Alto (links) en van de Baixa (rechts) worden door het Chiado-gebied beëindigd.

Blok B, nieuwe verbindingen naar openbaar binnenterrein

Blok A, nieuwe verbindingen naar openbaar binnenterrein

Chiado warenhuis, Grandellawarenhuis en metro, nieuwe verbindingen

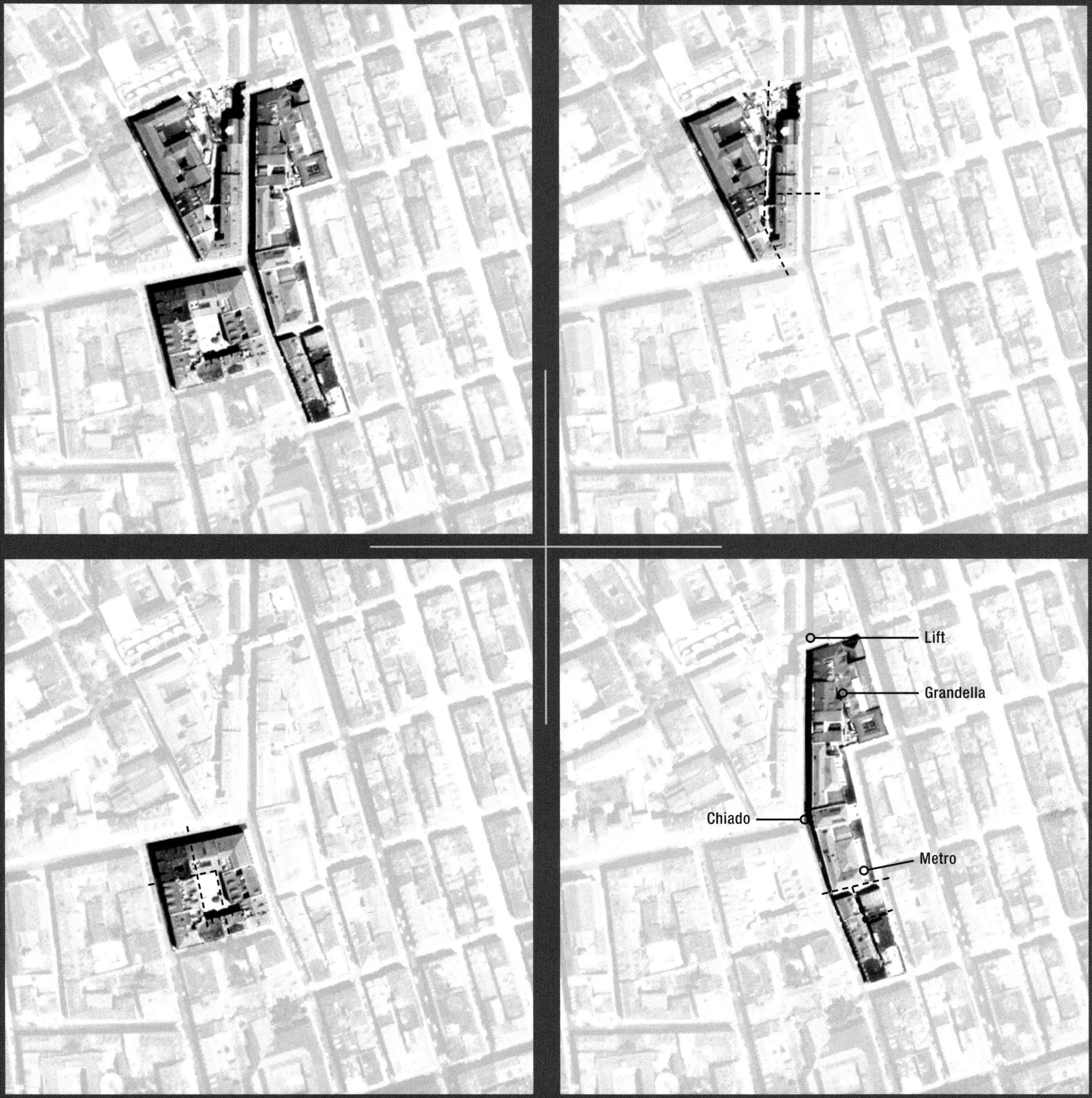

Lift
Grandella
Chiado
Metro

4.3 Chiado, een inzet van onverkorte restauratie

Met de grote stadsbrand van 1988 werd een aantal blokken in de Chiado-wijk in Lissabon in de as gelegd. Het was wereldnieuws. Chiado verbindt de benedenwijk Baixa met het hogere deel van de binnenstad, de Bairro Alto. De beroemde gietijzeren lift tussen de twee stadsdelen, de Elevador de Santa Justa, werd nog maar net van de brand gered. De twee grote warenhuizen Chiado en Grandella alsmede een groot deel van twee bouwblokken (later prozaïsch aangeduid als blok A en B) aan de overzijde van de Rua Nova do Almada werden grotendeels vernietigd.

Vanouds wordt Chiado als een levendig cultureel brandpunt van de stad gezien. De brand versterkte deze cultuurmythe, maar voedde ook allerlei schandalen. Zo is het vermoeden van brandstichting door één van de huiseigenaren nooit weggenomen. De benedenstad was kort voor de brand voorzien van voetgangerszones, waardoor de bluswerkzaamheden ernstig werden bemoeilijkt. Er stonden politieke reputaties op het spel en het stadsbestuur was er veel aan gelegen de herbouw van Chiado grondig aan te pakken. De herbouw is onder directe leiding van de toenmalige burgemeester van Lissabon geplaatst. Hij nam de herbouw voortvarend ter hand. Binnen enkele weken werd architect Álvaro Siza uitgenodigd de plannen te maken. Ook deze keuze was in zekere mate schandaleus. Hoewel Siza net de Pritzker-prijs had ontvangen en een publiek persoon met veel aanzien was geworden, was hij door zijn links-radicale verleden en zijn standplaats Porto niet onomstreden. Door al deze zaken was de planvorming van meet af aan sterk gepolitiseerd. De inzet van het plan was snel duidelijk. De cultuurmythe is hierin goed terug te vinden. Chiado moest een gebied worden waarin wonen, werken en winkelen kleinschalig waren gemengd. Het levendige stadsbeeld moest in zijn oude luister worden hersteld. Al voordat Siza was aangesteld werd besloten om alle opstallen te restaureren.

Hoewel Siza's studiegebied wordt gezien als overgangsgebied tussen de beneden- en bovenstad, maakt het deel uit van Baixa. Baixa is vanaf 1756 als gridstad ontwikkeld door Markies de Pombal en architecten als Manuel da Maia en Eugenio dos Santos.[2] Chiado is feitelijk een grillige rand van de Baixa. Niet alleen moest hier de onregelmatige grens van de antieke stad worden vormgegeven, ook moesten de resten van een oud klooster in de stedebouwkundige structuur worden opgenomen. Het oude klooster was in 1988 in gebruik als warenhuis Chiado en was het brandpunt van Siza's studiegebied. Architect Manuel da Maia schijnt opgemerkt te hebben dat 'de ontmoeting tussen het antieke en het moderne de plaats is waar men de meeste problemen tegenkomt'.[3]

2. Zie voor meer informatie: Bernard Colenbrander, *Chiado, Lissabon, Alvaro Siza en de strategie van het geheugen*, Rotterdam (Nederlands Architectuurinstituut) 1990, en Alvaro Siza, *A reconstrução do Chiado, Lisboa*, Lissabon/Porto (Livraria Fingueirinhas) 2000.

Stadsbrand in Lissabon, 1988

In de gehele wijk is een modulair gevelpatroon gebruikt met uniforme kozijnen en geprefabriceerde natuurstenen lijsten. De bouwblokken van de wijk waren echter kavelgewijs ontwikkeld. Het beeld van de blokken volgt de diverse en kleinschalige percellering. Architectuur en programma volgen de eigendomsverhoudingen. De gevels weerspiegelen behalve de eigendomsverhoudingen ook de glooiingen in het terrein, waardoor de rigiditeit als gevolg van de repetitie van uniforme gevelopeningen wordt genuanceerd. Siza wijst op de verschuiving van de inspanningen van de uitvoerende architecten van destijds. Zij ontwierpen geen complete gevels, maar richtten zich op de aansluitingen ter plaatse van de perceelsgrenzen, die als gevolg van de hellingen in het terrein vaak zeer ingewikkeld waren.[4]

In 1989 maakt Siza een gedetailleerd herontwikkelingsplan voor Chiado, dat als onderlegger voor de verdere ontwikkelingen dient, een soort masterplan. Niet onbelangrijk is de uitgebreide bouwkundige opname die aan het ontwerpwerk vooraf ging. Dit had de hoogste prioriteit om tijdelijke veiligheidsconstructies te kunnen aanbrengen. Uit dit werk bleek echter dat de gevels van de gebouwen die waren blijven staan grotendeels voldoende van kwaliteit waren om te behouden. Ook werd iets van het karakter en de vitaliteit van de Pombal-architectuur duidelijk: in tegenstelling tot de gevels waren de interieurs van de blokken vrijwel volledig verloren gegaan, terwijl nog wel kon worden achterhaald dat inmiddels vele panden via illegale doorbraken met elkaar waren verbonden. De rigiditeit van de gevels stond de improvisatiepraktijk in de interieurs geenszins in de weg.

De burgemeester en de architect deelden de ambitie de fijnmazige eigendomsverhoudingen in stand te houden. Ondanks de beperkte economische draagkracht van de meeste eigenaren (de meesten waren niet of slecht verzekerd tegen brand) werd niet tot onteigening besloten. De eigenaren zouden hun bezit zelfstandig kunnen herontwikkelen en bijvoorbeeld ook hun eigen architect kunnen kiezen. De restauratie had naast een architectonisch doel ook een programmatisch en economisch oogmerk. Doel was om het verband tussen de originele kleinschalige stedelijke activiteiten en het karakter van de gebouwen in stand te houden.

Siza raakte geïntrigeerd door de consistentie en vitaliteit van de Pombal-architectuur: ‘Er is geen vervelende vaste verhouding tussen binnen en buiten. De loop der eeuwen bracht de verschillen tussen de gebouwen. *The architecture is the base to receive life.* Architectuur moet rigoureus zijn en moet niet plezieren. Het plezier komt van het leven zelf.’[5] Binnen dit conserverend kader werden gericht vernieuwingen voorgesteld. De wens om weer woonfuncties in het gebied

3. Geciteerd in: Goncalo Byrne, ‘Lisbon, a vulnerable city’, *Lotus*, no. 64, p. 37.

4. Gesprek met de auteur dd. 13 augustus 2005. Het thema van uniformiteit versus de grilligheid van een topografische ondergrond is een belangrijk thema in het eigen werk van Siza, bijvoorbeeld in het plan voor Evora. Zie: Hans van der Heijden, ‘Een tweede stad’, in: Hans van der Heijden, Barbara Klomp (red.), *Tuindorp Kethel Schiedam*, Bussum (THOTH) 2004, p. 12 e.v.

5. Gesprek met de auteur, zie noot 4.

te introduceren maakte het nodig de binnenterreinen te openen. Deze waren in de loop der tijd dichtgekoekt met allerlei bouwsels, zodat dwarsventilatie niet meer mogelijk was. De binnenterreinen van blok A en B zijn openbaar gemaakt. Hierdoor ontstaan semiopenbare ruimten, die plaats bieden aan (horeca)functies. De binnenterreinen vormen nieuwe secundaire voetgangersroutes door het gebied. De langwerpige binnenhof van blok B wordt beëindigd door een nieuwe trappartij, die aansluit op de traplift van Chaido. Voor het Chiado-warenhuis werd in eerste instantie voorgesteld de functie te wijzigen en hier een hotel te huisvesten. In de voet van het gebouw is een uitgang van het metrostation Baixa opgenomen, waardoor de verknoping van het gebied aan het openbaar vervoer is versterkt.

Goncalo Byrne vat de belangrijkste drie doelen van het plan samen als het bewaren van het collectieve gevoel van de eerdere stad, het herstel van het functionele evenwicht van de traditionele stad en de verbetering van de infrastructuur.[6]

De besluitvorming over de uitwerking van het masterplan lijkt tegelijkertijd top-down en bottom-up te zijn. Het stadsbestuur maakte het plan voor het gebied, entameerde een integrale, puristische restauratie van alle gevels en stelde eisen aan de nieuwe programma's en de status van de binnengebieden. Anderzijds werd de ontwikkeling van de gebouwen zelf in hoge mate aan de eigenaren overgelaten. Desondanks had de stad grote invloed op deze ontwikkeling door de financiële hulp die aan de gedupeerde onverzekerde eigenaren werd geboden. Siza's plan is dan ook niet te zien als een stedebouwkundig plan zoals wij dat in Nederland kennen. Het is niet zozeer een publiek kader voor private ontwikkelingen. Het is een zeer complex en gedifferentieerd voorbeeld van totaalarchitectuur, geredigeerd door één hand. De tegenstrijdigheid tussen het puristische ideaal van de architectonische aanpak en de projectorganisatie die juist pluralistisch is komt nog aan de orde.

Deze tegenstrijdigheid wordt duidelijk in de organisatie van het planproces dat na 1989 volgde op de openbaarmaking van het masterplan. Besloten werd om een lokaal projectbureau op te richten, dat bemand werd door een mix van lokale architecten, managers en Siza's medewerkers. Dit projectbureau werkte de detaillering van de gevels uit, ontwierp de diverse buitenruimten, doorbraken door de blokken en trappartijen en zorgde tenslotte voor de begeleiding van de architecten die uiteindelijk door de marktpartijen werden ingeschakeld. De regie van het projectbureau strekte zich uit tot alle aspecten van de opgave. De architectonische uitwerkingen die door Siza zijn gemaakt zijn in Siza's kantoor in Porto ontworpen en begeleid.

6. Goncalo Byrne, 'Lisbon, a vulnerable city', in: *Lotus*, no. 64, p. 35.

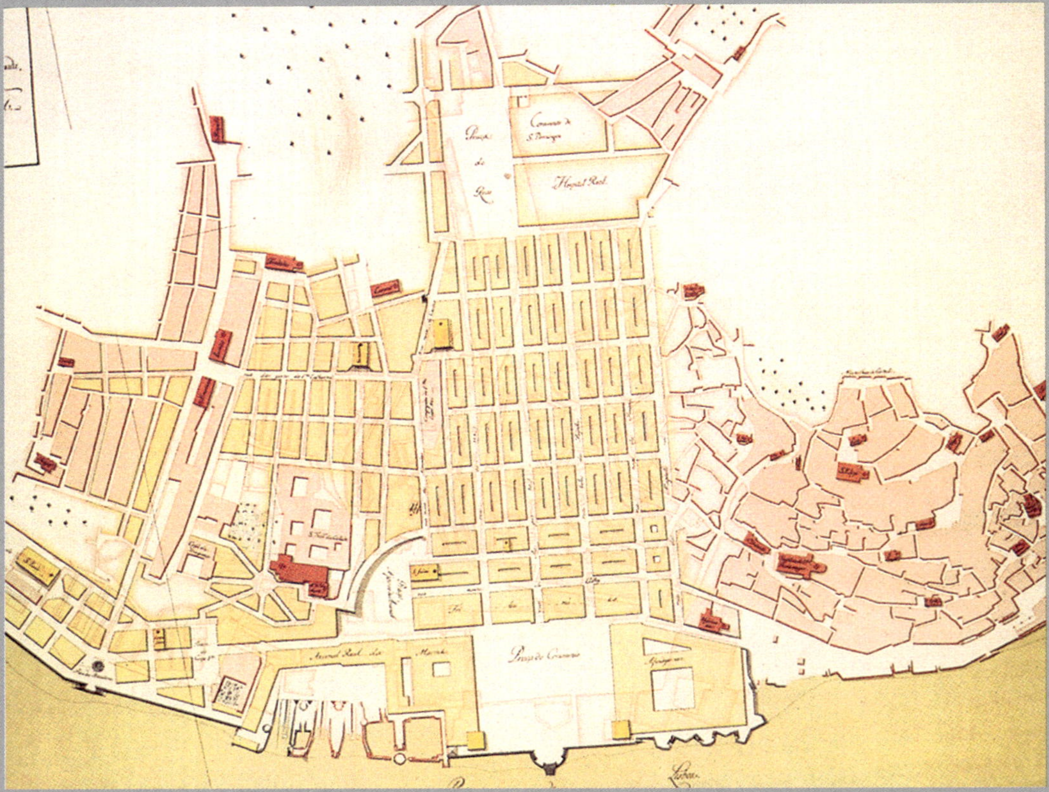

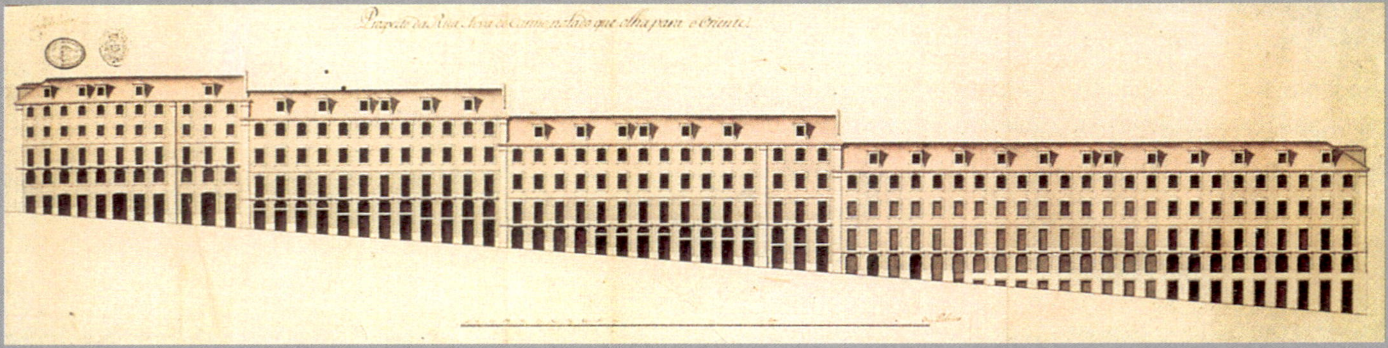

Lissabon, Pombal-schema, 1765

Pombal-gevels, 1765

Lissabon, huidige stadsplattegrond

Ingang Chiado warenhuis

Reliëf in terrein

Binnenhof II

Trap binnenterrein II

Nieuwe doorsteek binnenhof

Binnenhof

Zeventien jaar na de brand kan de balans van het project worden opgemaakt. Bijna alle projecten zijn klaar. Slechts het laatste project van Siza voor het pand en de trappartij nabij de Elevador is nog in aanbouw. Het project heeft steeds onder directe supervisie van de burgemeester van Lissabon gestaan, maar de vier achtereenvolgende burgemeesters hebben het project in steeds mindere mate gesteund. Het schijnt dat met name de door Siza opgestelde geveldetaillering niet meer wordt gehandhaafd.

Het Grandella-warenhuis is door Siza precies gerestaureerd. Het gebouw had geen precaire interne opbouw. De gevels zijn in de oude staat teruggebracht. Het zinken dak heeft nieuwe sculpturale opbouwen gekregen, waarin voornamelijk allerlei installatietechnische zaken zijn ondergebracht.

Het naastgelegen Chiado-warenhuis heeft een veel turbulentere geschiedenis. De functiewijziging is niet gelukt, omdat geen investeerder bereid was het door Siza voorgestelde hotel te ontwikkelen. Het gebouw ligt verschoven in de gridstad van Baixa, zodat het aan het einde van drie belangrijke dwarsstraten staat. Het is de ruimtelijke spil van het project. Dit verklaart mogelijk de vasthoudendheid van Siza bij de functie en architectonische uitwerking van het gebouw. Als hotel zou het gebouw publiek zijn en zich kunnen nestelen in het gebruik van de stad. Bovendien lijkt een hotel programmatisch sterk op het middeleeuwse klooster, zodat deze oorsprong van het gebouw goed zichtbaar kon worden gemaakt. Het masterplan uit 1989 bevat uitgebreide tekeningen voor het Chiado-gebouw. De distributie in het gebouw valt samen met de belangrijkste structurerende elementen ervan. De hoofdentree staat aan het einde van een oplopende straat naar Bairro Alto en blijft intern zuiver als verkeersruimte. Aan weerszijden liggen twee patio's. Eén ervan bevat een restaurant, de andere speelt een rol in de ordening van het circulatienetwerk binnen het gebouw. Beide patio's hebben een stedelijke betekenis en zijn in die zin verwant aan de binnenterreinen van blok A en B.

Uiteindelijk is het gebouw een warenhuis gebleven. Siza haakte als architect af, maar stelde voor dat Eduardo Souta de Moura, met wie Siza veel samenwerkt, de architect werd. Souta de Moura maakte een adequaat ontwerp, waarin de typologische helderheid van het gebouw dankbaar is benut. Het gebouw heeft wellicht een nog sterkere publieke rol dan voorzien, maar is door de commerciële druk op de voormalige patio's zeker niet de bedoelde loepzuivere architectonische parel geworden. Een shopping mall is geen klooster.

Blok A is aan drie zijden van een doorgang naar het binnenterrein voorzien.

Daklandschap

Grandella

Restauratie gevel

Entree metro

Deze zijn door de betrokken architecten van de betreffende opstallen ontworpen en hebben dus steeds een ander handschrift. Het binnenterrein is ontworpen rondom een niveauverschil van zo'n vier meter dat in het terrein aanwezig is. Het binnenterrein wordt gebruikt als terras van de aangelegen cafés. Siza heeft één gebouw in blok A ontworpen. Het is een gebouw met een scherp gearticuleerde betonnen kern. Het is vooral door zijn eenvoudige opzet voorbeeldig.

Blok B heeft een langwerpig binnenterrein, dat in tweeën is gedeeld. Het kleinste deel doet zich voor als een min of meer geometrisch stedelijk binnenhof. Het grootste deel laat een dramatische steile helling zien. De rotswand is bekleed met een nieuwe keerwandconstructie, die met zware ankers is vastgezet. De gebouwen aan de andere kant hebben gedeeltelijk toegangen aan de hof. In deze gebouwen is een trappartij naar de straat opgenomen. De bodem van de hof is horizontaal aangelegd. Hierdoor kon hoogte gewonnen worden, zodat de klim over de trap- en hellingbaanpartij aan het uiteinde van de hof beperkt is. In dit lange binnenterrein komt een aantal fascinaties bij elkaar. Het is een accuraat ontworpen openbare ruimte, een netwerk van informele routes via trappen en doorgangen, een precieze restauratie van de architectuur, maar het kent ook meer lyrische momenten zoals een aantal gehandhaafde ruïneuze gebouwdelen en vooral de steile rotswand. Het is vooral de topografie binnen het plan geweest die een houvast gaf aan de nieuwe interventies in het plan.

De blokken A en B hebben een fundamenteel andere kwaliteit dan de beide warenhuizen. De beide warenhuizen, en dan vooral Chiado, kunnen als monument worden gezien. De blokken A en B zijn deel van de triviale architectuur van de stad, in dit geval de Pombal-architectuur. De restauratie herstelt de kwaliteit van deze architectuur door de geprefabriceerde bouwdelen opnieuw te gebruiken. Siza stond erop om de grote etalageruiten die in de loop der tijd waren geformeerd terug te brengen in het oorspronkelijke stramien van verticale openingen. Latere dakopbouwen zijn echter gehandhaafd en zijn aanvaard als deel van de historie. De daken zijn afgewerkt met een modern type dakpan dat bij deze geïmproviseerde toevoegingen werd gebruikt. Er is geen sprake van een slaafse restauratie tot de oorsprong.

De metro is een zelfstandig architectonisch werkstuk. De metroingang in Chiado bestaat uit een drietal gevelopeningen en evenzoveel raamopeningen, die zijn opengelaten. De ingang is ondergeschikt aan de repetitieve architectuur van het Chaido-warenhuis. De metrobuizen zijn betegeld met gefacetteerde,

Café binnenhof

Binnenhof

witgeglazuurde tegels. De cilindrische ruimten zijn geometrisch gebleven. Het is vooral de bekleding die spreekt. De architectuur van de metro is zeer direct, zoals in het begin van de vorige eeuw.

Het masterplan is in 1990 door Bernard Colenbrander van een gedegen kritiek voorzien. Als historicus benadrukt Colenbrander het historisme dat in Siza's project onmiskenbaar een rol speelt. Hij haast zich te vermelden, dat Siza de kwestie van het behoud van de gevels bagatelliseerde en dat het zwaartepunt van het herstel van Chiado achter de gevels lag, in de blokken.[7] Dat mag zo zijn, maar het is ook te zien als een staaltje van Portugese flegma. Siza benadrukt keer op keer zijn onverkorte solidariteit met de historische architectuur van Chiado. Hij is gedurende het proces zeer vasthoudend geweest in de minutieuze beheersing van de restauratieve aspecten van het plan. Colenbrander stelt Siza's aanvaarding van het verlangen naar herstel van het antieke stadsbeeld in strategische termen. In tegenstelling tot Byrne lijkt dit hem een middel en geen doel op zich: 'De verdedigingslinie die hij heeft opgetrokken voor zijn ambities voor Chiado, heeft als harde kern de pombalijnse rigiditeit van het plan. Rigiditeit zou op veel andere plekken in Portugal wellicht een slecht wapen zijn, maar kan hier effect hebben, omdat het werd ontleend aan de achttiende-eeuwse stadsstructuur. Siza neemt die structuur als uitgangspunt en dat komt goed uit: de historische stad werd immers direct na de brand door de bevolking en het stadsbestuur heilig verklaard.' Colenbrander laat in het midden wat het doel van Siza's operatie dan wel is. In een interview noemt Siza een ander aspect, namelijk dat 'noch de omvang, noch de mogelijkheden en het doel van het project voldoende vermogen hebben om enige wijzigingen in het ontwerp [van Pombal] aan te brengen'.[8] Het studiegebied is domweg te klein om zich in de stedebouwkundige structuur op een zinvolle manier te kunnen verzelfstandigheden.

Siza's plan hoeft niet meer op zijn intenties gewogen te worden. Het volstaat hier om vast te stellen dat de historische, strategische en stedebouwkundige argumenten voor restauratie samenvielen met de fascinatie van Siza voor de architectuur van Pombal. Het project getuigt van de ijzeren hand van de bouwmeester. Het succes van Chiado ligt in het succes van de stadsfragmenten als architectuur. Dit werkt twee kanten op. Enerzijds is de architectonische erfenis door Siza binnen de grenzen van het architectenvak gewaardeerd. De Pombal-gevels zijn weliswaar als culturele erfstukken opgevat, maar uiteindelijk is de fascinatie voor deze architectuur niet alleen neergeslagen in een aantal regels die bij de uitwerking van de

7. Bernard Colenbrander, *Chiado, Lissabon, Alvaro Siza en de strategie van het geheugen*, Rotterdam (NAI Uitgevers) 1990. Op p. 17 citeert hij: Giacomo Borella, 'Alvaro Siza, Progetto di recuperare per l' area del Chiado, Lisbona', in: *Domus*, no. 714, maart 1990, p. 52.

8. De uitspraak komt uit hetzelfde interview dat Colenbrander gebruikt (zie vorige noot) en staat op p. 53 ervan.

gebouwen gehanteerd moesten worden, maar was de architectuur van de plek ook inspiratie voor die zaken die 'vrij' vorm te geven waren. In de architectuur van Chiado komen geen contrasten voor, er worden geen tegenstellingen gearticuleerd. Siza's Chiado is in die zin geen modernistisch project. Nieuwe ingrepen zijn als zodanig te herkennen, maar zijn beredeneerd uit de kwaliteit van het oude Chiado, óók als de benodigde voorbeelden niet historisch beschikbaar waren. Siza zoekt naar versmeltingen. Je zou kunnen spreken van een assertieve assimilatie van de nieuwe interventies in de stad. Nieuwigheden als installatieruimten, hoven, poorten, trappen, doorsteken en zelfs het noodzakelijke dubbel glas verwijzen naar voor de hand liggende voorbeelden. De installatieruimten van Grandella zijn bijvoorbeeld als zolder ontworpen. Het dubbel glas in de nieuwe kozijnen is in slanke voorzetramen gevat, die achter de ouderwets aandoende roederamen zijn aangebracht. Het is een rationele oplossing die overal op het noordelijke halfrond voorkomt en zo ook in het warme Portugal aanvaardbaar is. De eigenlijke gevelkozijnen kunnen door deze oplossing zo dun blijven als in het historische origineel. De enige lyrische elementen zijn zaken die met de topografie van het terrein te maken hebben.

Het architectonische karakter van de ingreep blijkt anderzijds uit de twee voornaamste teleurstellingen die bij Siza over het project leven. Siza spreekt over de magere kwaliteit van de bijdragen van de architecten die door de verschillende eigenaren zijn voorgesteld en over het niet slagen van de functiewijziging van het Chiado-warenhuis naar hotel.[9] Dat lijkt terug te voeren naar de eerder geconstateerde tegenstrijdigheid tussen het puristische architectonische ideaal en de pluralistische projectorganisatie, die in het project niet is opgelost. Het puristische ideaal, of het probleem van stijl zo men wil, leeft bij Siza bijzonder sterk. Siza heeft niets op met abstracte conditieplanning of processtedebouw. Chiado was in zijn ogen pas perfect geweest als alle gebouwen tot in detail volmaakt waren geweest en als bovendien alle gebouwen als architectuur op een passende manier in het stedelijk functioneren waren opgenomen. Chiado is een pleidooi voor een vorm van stedebouw langs de lijnen van een hyperconcrete en wellicht ook absolute architectuur, waarin wel ruimte voor weemoed en gebruik bestaat, maar weinig tolerantie voor architectonische onderprestatie.

9. 'Als ik alles zelf had ontworpen was het beter geworden en was Chiado sneller gerealiseerd.' (*Ibid.*, noot 5.)

INZET

Aanleiding

- stadsbrand

Job

- onverkorte restauratie

Aggregatieniveau

- stad Lissabon

ONDERHANDELBAARHEID

Vast deel

- restauratie Pombal-gevels
- restauratie warenhuis Grandella en Chiado
- openbare status binnenhoven
- hechting aan infrastructuur metro

Voorwaardelijk deel

- typologie Pombal-gebouwen
- kleinschalige bottom-up interventies
- informele netwerk binnenterreinen

Week deel

- individuele panden

RELICTEN

Fysieke restanten

- seriële Pombal-gevels
  (historisch motief)
- Grandella-monument
  (monumentaal motief)
- geïmproviseerde dakopbouwen
  (anekdotisch motief)

Conceptuele restanten

- helling terrein
  (landschappelijk, architectonisch motief)
- herinnering aan bruisend cultureel verleden
  (politiek motief)

Verdwenen relicten

- improvisaties interieurs
  (architectonisch motief)
- improvisaties binnenterreinen
  (stedebouwkundig, hygiënisch motief)

EXTERNE CONDITIES

Financiering

- versnipperd eigendom onroerend goed
- gemeente compenseert onderverzekering

Besluitvorming

- urgentie door schandaleuze brand
- hoge mate politieke aandacht
- hoge mate bestuurlijke betrokkenheid
- supervisie restauratie gevels en
  deeluitwerkingen Siza

Programmatische kleuring

- door marktpartijen

Faalfactor

- programma Chiado
- kwaliteit deeluitwerkingen

Monte Carasso
Zwitserland

Oude situatie

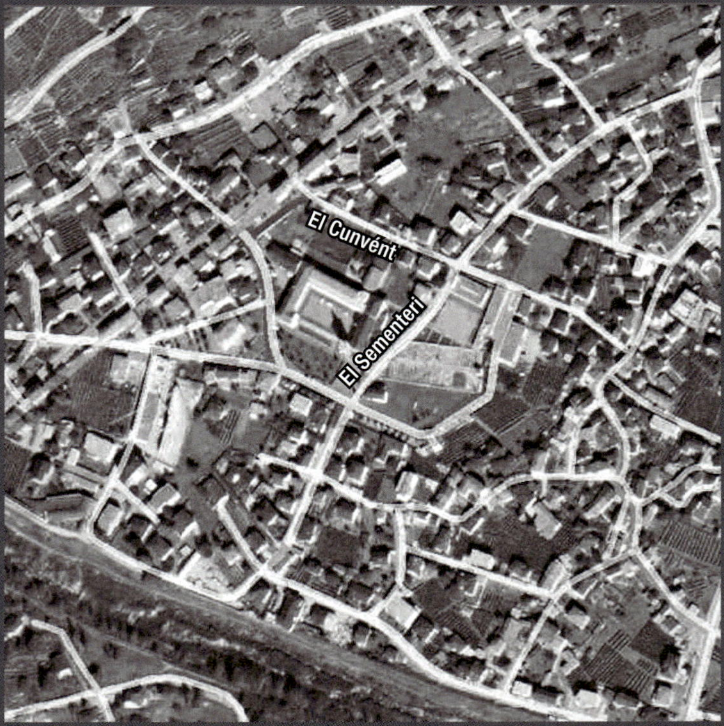

Nieuwe situatie

Relictenkaart. School, kerk, begraafplaats, straat	School, sportcomplex, bestaand gemeentehuis, bank, burgemeesters-woning
Doorgaande weg wordt verplaatst	Door het verplaatsen van de weg worden kerk, school en begraaf-plaats bij elkaar getrokken

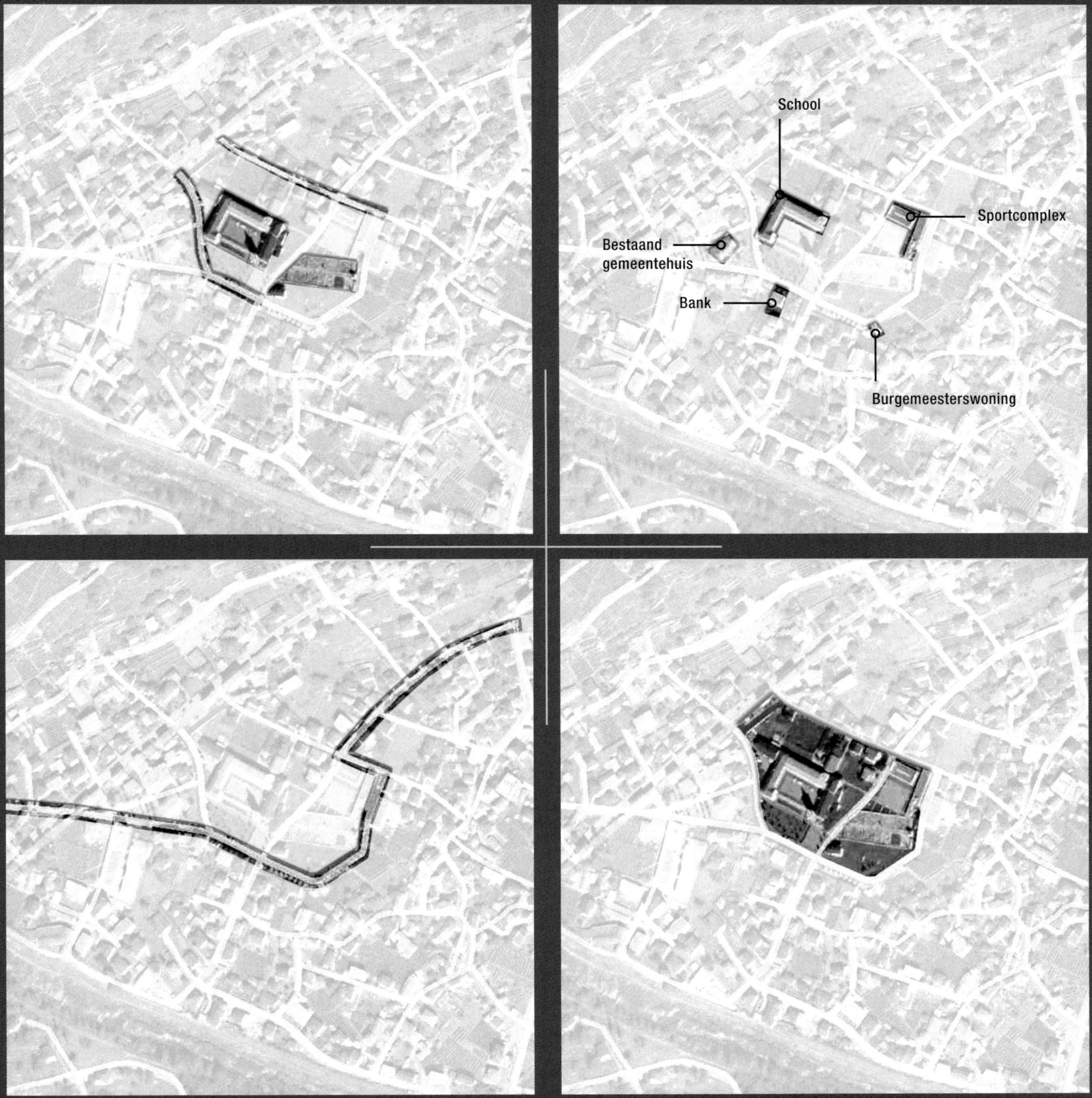
School
Sportcomplex
Bestaand gemeentehuis
Bank
Burgemeesterswoning

4.4 Monte Carasso, de onderhandelbaarheid van de dorpsnotie

In 1978 werd architect Luigi Snozzi gevraagd om een basisschool te ontwerpen voor het dorp Monte Carasso in de buurt van het Zwiterse Bellinzona.[10] De langdurige betrokkenheid van Snozzi bij de ruimtelijke ontwikkeling van het dorp begint bij een fundamentele discussie over de voorgestelde plek van de school. De locatie aan de rand van het dorp wordt door enkele inwoners bekritiseerd. Deze keuze zou de toch al niet zeer consistente vorm van het dorp in hun ogen verder verbrokkelen. Tijdens de planvorming werden alternatieven onderzocht. Snozzi stelde voor om het voormalige klooster in het hart van het dorp te verbouwen tot school. Het klooster, waaraan het dorp zijn bestaan dankt, was eigenlijk niet meer als zodanig te herkennen. Het oude gebouw bevatte allerlei geknutselde woningen. De kloosterhof was volgebouwd. Gebouw en buitenruimte werden niet als monumentaal gewaardeerd.

Het door Dolf Schnebli ontworpen bestemmingsplan van Monte Carasso liet de verbouwing van het klooster echter niet toe. Het bestemmingsplan bevestigde enerzijds de status quo binnen het dorp en dacht anderzijds sterk in termen van functiescheiding. De status van de informele woningen die in het oude klooster waren ontstaan, werd in het bestemmingsplan geautoriseerd. Het klooster had een woonbestemming terwijl de nieuwe school aan de doorgaande provinciale weg in de periferie van het dorp zou moeten komen.

Snozzi kreeg desondanks de ruimte een plan te maken waarbij de school de publieke functie van het klooster overnam. In zijn plan werd het oorspronkelijke hart van het dorp voorgesteld als een samenhangend stedebouwkundig ensemble. Hiervoor was het nodig om de wegen die het centrum doorsneden gedeeltelijk om te leggen. Het voormalige klooster, de kloosterhof, kerk, begraafplaats en de nieuwe collectieve voorzieningen zoals een sporthal en een speelplaats werden via paden en openbare ruimten op elkaar betrokken. Naast het omleggen van enkele wegen waren relatief grote investeringen in de landschapsinrichting nodig. Het plan was voor het kleine dorp te kostbaar en kon alleen gerealiseerd worden als andere publieke investeringen achterwege bleven.

Over dit plan ontstond een complex, publiek debat. Snozzi stelde de manier waarop de regio rondom Bellinzona verstedelijkte ter discussie. Geholpen door het dogma van functiescheiding vond verstedelijking in toenemende mate plaats langs de lange infrastructurele lijnen in het dal van de Ticino-rivier. Dit gold vooral voor grootschalige en nieuwe programma's. De voorgestelde schoollocatie aan de provinciale weg paste precies in dit beleid. Het Ticino-dal ontwikkelde zich daarmee

10. Claudio Buetti, die als projectarchitect bij alle deelprojecten in Monte Carasso betrokken was, heeft veel informatie voor deze tekst geleverd in een gesprek met de auteur, 13 augustus 2005.

Volgebouwde kloosterhof

Schoolplein

School en dakopbouw

Dakrand

tot een voortkabbelende *urban sprawl*, waarin de aanwezige dorpskernen de neiging hadden op te lossen. Het verzet van Snozzi gold niet de urban sprawl als zodanig, maar het ging hem veeleer om een nuancering van de verstedelijking, namelijk dat de oude dorpskernen als identificatiepunten in de urban sprawl zouden blijven bestaan. Snozzi pleitte voor een benadering waarin meer ruimte was voor het maken van ruimtelijke accenten rondom sociale, functionele en historische brandpunten. Hij plaatste zijn centrumplan in dit planologische kader.

Snozzi nam hiermee stelling tegen een ander plan, dat al enige tijd klaar lag en waarin werd voorgesteld de voormalige landweggetjes in het dorp te herprofileren en parkeerplaatsen op straat aan te leggen. Het is een plan dat sterk de geest van de tijd ademt, waarin functiescheiding centraal staat. De straatjes en steegjes in Monte Carasso zouden worden omgetoverd tot een gladde verkeersmachine, met onvermijdelijk een nogal generiek suburbaan beeld als resultaat.

Snozzi verbond zijn stedebouwkundige observaties aan praktische voorstellen. Hij beargumenteerde dat zijn centrumplan betaald kon worden wanneer het dure herprofileringsplan niet werd uitgevoerd. De dorpse *Gassen* zouden straatjes zonder stoepen kunnen blijven. Door de bebouwingsregels in het dorp te wijzigen zouden voordelen voor de huiseigenaren in het dorp ontstaan. Zo stelde Snozzi voor dat zij hun huis mochten uitbreiden tot de straat en dat zij veel hogere tuinmuren mochten aanleggen (tweeënhalve meter in plaats van één). Parkeren werd op eigen erf in de erfscheiding opgelost. Huiseigenaren kregen door de uitbreiding meer privacy, ruimte en vrijheid op hun perceel. Het versterkte tevens de dorpse kwaliteit van het stratenplan. Het centrumplan zou de parkeervoorzieningen voor bezoekers kunnen oplossen.

Snozzi's centrumplan en het herprofileringsproject konden om financiële redenen niet beide doorgaan, maar stonden ook inhoudelijk haaks op elkaar. Het debat over een functionele of een meer monumentale stedebouwkunde werd aan de hand van de praktisch onvermijdbare keuze tussen Snozzi's project en de functionalistische plannen van Dolf Schnebli behendig op scherp gesteld. Dit is in de Zwitserse referendumdemocratie van vitaal belang. Het besluit over de school, dat aan de burgers over het centrumplan werd gevraagd, werd in concrete termen gesteld. Het was essentieel om de belangen van de inwoners van het dorp te kennen en deze praktisch te beantwoorden. De publieke en private zaak hadden een wederkerige verhouding. Rondom Snozzi's autonoom ontwikkelde voorstel ontwikkelde de politieke discussie zich als een publieke ideeënstrijd met de dorpscultuur in een veranderende samenleving als inzet. Het vigerende bestemmingsplan van Schnebli, dat uitging van

Buitengang school

Huis burgemeester

Sportgebouw, trap, toegang

Landschap

functiescheiding en de status quo van de woninkjes in het kloosterhof bevestigde, werd na stemming in 1979 met een krappe meerderheid terzijde geschoven. Het uitleggebied aan de rivier is benut voor grootschalige woningbouw en sportvelden.

Hierna speelt Snozzi twee rollen in de gemeente. Enerzijds is hij de ontwerper van het centrumplan en enkele andere grotere projecten in de gemeente, anderzijds is hij voorzitter van een commissie die bouwplannen beoordeelt. Via de eerste rol bouwt hij de vernieuwde dorpskern en voorziet hij het dorp van een architectonische maatstaf. Via de tweede rol krijgt hij zeggenschap over de productie van de stroom van grotere en kleinere projecten die de massa van het dorp vormen.

Het project van Snozzi heeft geprofiteerd van een sterke continuïteit in het bestuur van de gemeente en de persoonlijke inzet van burgemeester Flavio Guidotti. Guidotti heeft het project gedurende meerdere decennia intensief gesteund. Het centrumplan zou gefaseerd worden uitgevoerd. De notatie van het plan is veelzeggend. De vijf openbare gebouwen (gemeentehuis, school, kerk, kinderdagverblijf en gymzaal) zijn precies met hun plattegrond ingetekend. De open ruimten zijn met een kleurraster gecodeerd. Dit raster is over een aantal bestaande gebouwen heen getrokken en geeft vooral een intentie aan. De woningen die rondom het voormalige klooster staan, zijn vrij indifferent als vlek getekend. Kennelijk is hier vooral van belang dat de woningen aansluiten op de massa van de gymzaal, dat zij direct aan de straat staan en voldoende afstand houden tot het kloostercomplex. Tenslotte wordt de landschapsarchitectuur accuraat weergegeven: trappen, keermuren, paden, wegen etc. leggen een eenvoudig verband tussen de afzonderlijke ingrepen. Het centrumplan is van meet af aan voorgesteld als een totaalproject waarbinnen verschillende snelheden en een gelaagd onderhandelingsproces bestaan.

Een vergelijking met een plantekening uit 1993 illustreert de dynamiek van het planproces. Het eerste dat opvalt is dat twee nieuwe gebouwen aan het ontwerp zijn toegevoegd. Het gaat om een bank en het huis van burgemeester Guidotti. Dat is veelzeggend, vooral in het geval van Guidotti, die zich via zijn privéwoonhuis op een van de meest prominente plekken in het dorp aan het slagen van het vernieuwingsproject committeert. Zowel de financiële als de bestuurlijke wereld manifesteren zich in het dorp. Beide gebouwen zijn door Snozzi ontworpen als solide betonnen villa's. De burgemeesterswoning is een prachtige hermetische doos zonder precedent in het dorp. Daarnaast valt op dat het kinderdagverblijf niet is uitgevoerd. De plattegrond van het gemeentehuis is in beide tekeningen ingetekend, maar is geen onderwerp van interventie geweest.

Smalle dorpsstraten, muren, parkeren

Muren, paden, gazons

Woningbouw achter school

Grootschalige woningbouw aan de Ticino

Renovatie kerkhof

Grafstenen

Sporthal

Achterkant school

De school heeft in de uitgevoerde versie een compactere vorm gekregen. De hof is naar de westzijde open gebleven. De voormalige kloosterhof ligt daarmee veel minder verscholen in het dorp. De argumenten voor deze keuze werden door de Zwitserse monumentenzorg geleverd: het klooster had van oudsher deze vorm. De school is in het bestaande kloostervolume opgenomen. De doorsnede en plattegrond van het gebouw worden ter plaatse van de klaslokalen ingrijpend gewijzigd. Niet alleen wordt de bovenste vloer verwijderd, ook krijgt het gebouw een gekromd zinken dak. De oude en nieuwe dakpartijen worden aan elkaar gesmeed door de doorlopende natuurstenen kroonlijst. Alle daken lijken zo op de continue hoofdmassa van het gebouw te liggen. Het is een klassiek grammaticaal foefje: de gevel staat in hiërarchische zin boven het dak. De middengang wordt naar de hofgevel verplaatst, zodat alle circulatieruimten in het gebouw op de hof worden gericht. Hierdoor krijgen de lokalen de horizontale en verticale maten die vandaag de dag gangbaar zijn. Op de verdieping is de gang ter plaatse van de lerarenkamers open gelaten, zodat de open kloostergang daar nog te herkennen is. Op de begane grond liggen kleinere ruimten voor onder meer feestruimten en een klein café annex sigarenwinkel. Het ingesloten plein is spaarzaam ingericht, zodat hier ruimte is voor manifestaties.

De gymzaal volgt de opzet van 1979. De kleedruimten en gymzaal zijn als aparte volumes overhoeks aangelegd. De zaal is half verzonken. Het servicegebouw is ten opzichte van de opzet van 1979 verkleind, visueel los gemaakt van de zaal en heeft een publieke trap die het speelterrein met de straat verbindt. Het gebouw nestelt zich op deze manier in de microstructuur van het dorp.[11] De gevels van dit gebouw zijn van schoon beton gemaakt.

De landschappelijke inrichting is op de tekening van 1993 verder gedifferentieerd. De paden door het gebied hebben niet meer dezelfde afmetingen. Er is onderscheid gemaakt tussen de oost-westverbinding, die op de plaats van de voormalige weg ligt, en diverse informele paden. De laatste hebben smallere maten en zijn in afwijkende bestratingen uitgevoerd. Lagere tuinmuren ondersteunen deze hiërarchie. Onzichtbaar op de tekening, maar significant is de renovatie van het kerkhof. Deze ligt manifest in het dorpshart. Snozzi heeft het kerkhof opgeknapt en nieuwe granieten grafstenen ontworpen, die langs de hoofdassen van het kerkhof staan.

Na de tekening van 1993 is de strook woningen gerealiseerd naar ontwerp van Aurelio Galfetti. De bestaande losstaande gebouwen zijn niet gesloopt, zodat de woningen een veel kleiner volume vormen dan op de tekening is gesuggereerd. Voorts is het gebouw niet direct aan de straat gebouwd en zijn achtertuinen gerealiseerd. De

11. Hetzelfde motief komt in een ander sportgebouw van Snozzi in Monte Carasso uit 1984 voor. Het gebouw bij een voetbalveld is zowel poortgebouw als kleedruimtegebouw.

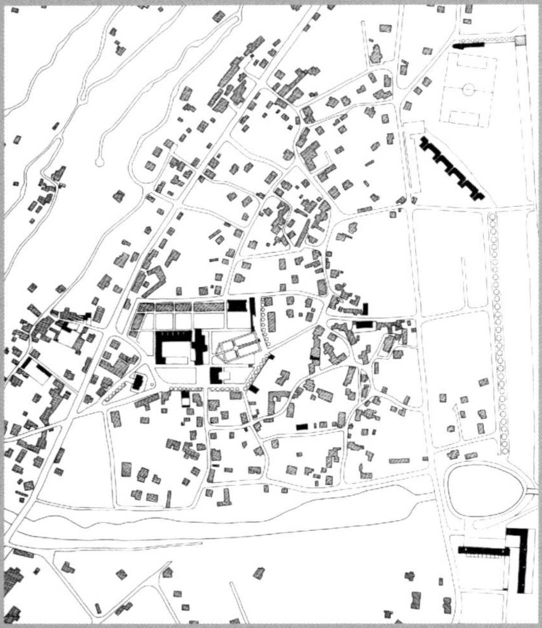

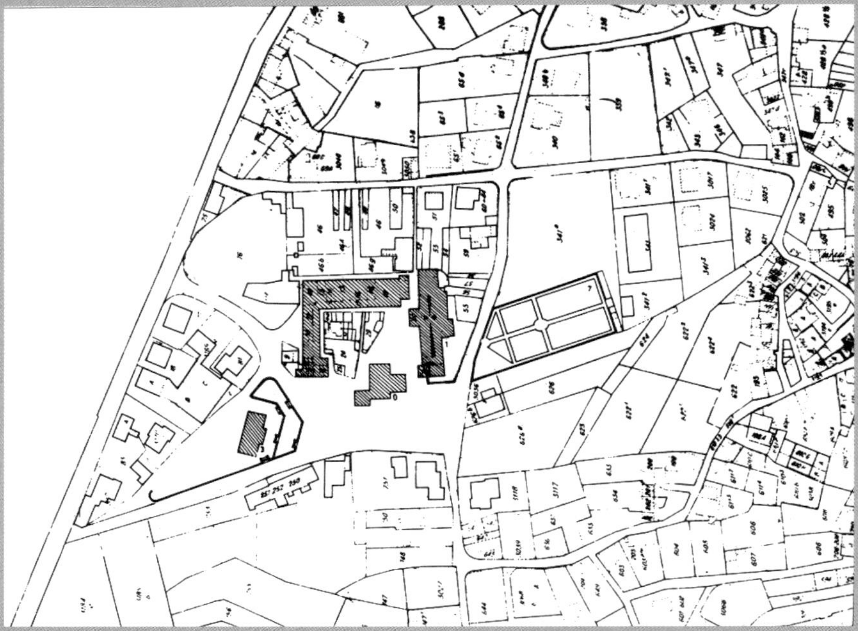

Monte Carasso, overzicht projecten

Snozzi

Monte Carasso, oude situatie

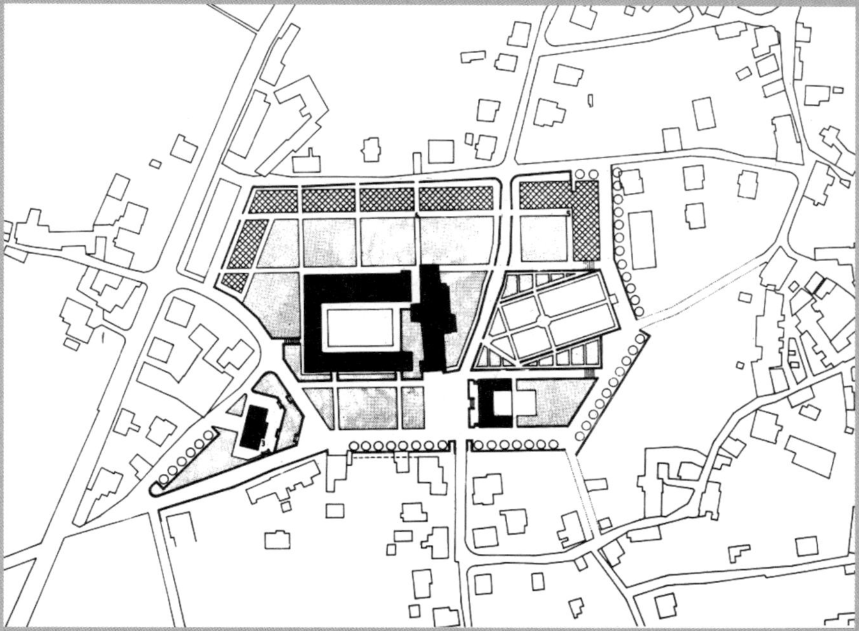

Monte Carasso, nieuwe situatie

woningen staan veel dichter op het schoolgebouw dan door Snozzi was gewenst.[12]

De resultaten van het andere deel van Snozzi's werk, in de rol als supervisor, zijn minder eenduidig. Snozzi heeft dit werk benaderd zonder richtlijnen, voorbeelden of beeldkwaliteitsplannen uit te vaardigen. Elke opgave is in dialoog benaderd. Het dorp heeft zijn smalle straten behouden. Zichtbaar is een langzaam groeiproces, waarbij de huizen tentakels naar de straat vormen. Hierin zijn carports, garages, poorten, tuinmuren en soms woon- of werkvertrekken opgenomen. Als regel zijn deze dienstruimten in steenachtige materialen, vaak schoon beton, opgetrokken. Ze doen zich niet voor als improvisaties en dragen bij aan de soliditeit van de dorpsstraten.

Veel nieuwe gebouwen zijn in schoon beton gemaakt. Snozzi heeft hiermee met zijn eigen werk in het dorpscentrum en met enige grotere woningbouwprojecten aan de rand van het dorp de toon gezet. Beton was ooit door Snozzi in het dorp geïntroduceerd, omdat het enerzijds door zijn kleur en textuur bemiddelde tussen regionale materialen als natuursteen, pleisterwerk en hout en anderzijds een eigentijds materiaal met eigen expressiemogelijkheden was. Hoewel het beton niet door Snozzi gepropageerd of voorgeschreven werd, is het in het dorp een eigen leven gaan leiden. Het materiaalgebruik bevordert zeker de homogeniteit in het dorp. De vraag kan gesteld worden of het materiaal vanzelfsprekend genoeg is om als *vernacular* acceptabel te zijn.

De dorpskern van Monte Carasso is gerevitaliseerd binnen de verstedelijking van het Ticino-dal. Het dorp heeft zich aangepast aan de moderne tijd. In het dorpscentrum is de historie van het dorp gearticuleerd, maar in de woonstraten is geen spoor van nostalgie te herkennen. Het monument en het woongebied zijn uit elkaar gehaald en in verschillende ontwikkelingssnelheden geplaatst, waarbij de dorpskern een stabiel regionaal brandpunt in het Ticino-dal is. De school zal nog worden uitgebreid met een volume tegen de kerk. Snozzi kijkt na zijn bemoeienis met Monte Carasso gedurende meer dan 25 jaar terug op een project dat grotendeels is geslaagd. Als belangrijkste faalpunt noemt hij dat in deze tijd het autogebruik explosief gegroeid is. Dit legt een druk op de smalle dorpsstraten. Veel uitbreidingen van de woningen zijn carports of garages voor twee auto's of meer. Het is ironisch dat dit proces juist de argumentatie raakt waarmee zijn werk in het dorp ooit begon.

Het project van Snozzi illustreert op bijna didactische wijze wat de voorwaarden zijn voor dit soort herontwikkelingen: het engagement en de continuïteit van het bestuur, het scheiden van verschillende ontwerpinstrumenten voor restauratie, nieuwbouw, landschap en infrastructuur, het accepteren van verschillende snelheden in de ontwikkeling en tenslotte de greep op de financiën van het project.

12. Snozzi is zeer ontevreden over dit gebouw en dit deel van het plan. Ondanks zijn rol als voorzitter van het beoordelingscomité was hij niet bij machte de beroemde Galfetti bij te sturen. Een woningbouwproject van Mario Botta in het dorp heeft zich nog veel sterker aan Snozzi's invloed onttrokken. (*Ibid.*, noot 10.)

INZET

Aanleiding

- noodzaak bouw school

Job

- dorpskern articuleren als regionaal brandpunt

Aggregatieniveau

- agglomeratie Monte Carasso als geheel

ONDERHANDELBAARHEID

Vast deel

- restauratie klooster
- vernieuwing netwerk straten en paden
- sluiten kavel met gebouwde rand

Voorwaardelijk deel

- versterking kerkhof
- openbaar programma kavel

Week deel

- vorm gebouwde rand
- bankgebouw

RELICTEN

Fysieke restanten

- klooster (monumentaal, representatief motief)
- kerk (monumentaal, representatief motief)
- kerkhof (sociaal-religieus motief)

Conceptuele restanten

- type kloosterhof (representatief, functioneel motief)

Verdwenen relicten

- verbindingsstraat (functioneel motief)
- improvisaties kloosterhof (representatief motief)
- voortuinen dorpsstraten (ruimtelijk, verkeerskundig motief)

EXTERNE CONDITIES

Financiering

- gemeente gebruikt middelen verkeersplan

Besluitvorming

- gebruik klooster als school via referendum
- intensieve bestuurlijke betrokkenheid individuele bestuurders
- hoge mate van bestuurlijke continuïteit
- versnipperd eigendom onroerend goed
- Snozzi leidend architect over maatgevend deel en supervisie over het geheel

Programmatische kleuring

- door bestuur via behoefte publiek programma
- door marktpartijen

Faalfactor

- heftige toename autogebruik

Warteck
Basel
Zwitserland

Relictenkaart. Brouwerijgebouwen	Verspringing ten opzichte van rooilijnen
Binnengebieden	Maat van het blok

4.5 Warteck, symbiose van relicten en nieuwbouw

Op een vierkant kavel in de binnenstad van Basel heeft het architectenbureau Diener+Diener een gedifferentieerd ensemble gerealiseerd. Het is te duiden als een samengesteld bouwblok, dat bestaat uit een tweetal oude gebouwen, een nieuw appartementengebouw en een nieuw winkel- en kantorengebouw. De oude gebouwen zijn restanten van een in 1856 gebouwde brouwerij. De vastgoedbelegger Warteck Invest AG, die aan de brouwerij met dezelfde naam is gelieerd, gaf in 1992 opdracht voor de herontwikkeling van het terrein.

In de planontwikkeling waren twee thema's belangrijk. Het eerste was de monumentale waardering van het complex. De gemetselde gevels van de brouwerijgebouwen vormden een sprekend silhouet in de stad Basel. De vraag was in hoeverre de industriële gebouwen economisch konden renderen. Een tweede thema was de vorm van het stadsblok. De brouwerij was langzaam uitgegroeid tot een complex van uiteenlopende gebouwen die de rooilijn van het blok volgden. Het was een industrieel bouwblok. Het complex volgde hiermee tot op zekere hoogte de conventies van het gesloten bouwblok. Binnen dit thema was de vraag aan de orde of alternatieven op het gesloten bouwblok denkbaar waren.

De definitie van het bouwprogramma en de keuze voor het instandhouden van de twee brouwerijgebouwen zijn tijdens de planontwikkeling ontstaan. Hierin speelde een stadsreferendum een doorslaggevende rol. De kiezers spraken zich uit voor een planvariant waarin twee bestaande gebouwen werden gehandhaafd. Het kleinste gebouw bevatte een café dat vanouds bij de brouwerij hoorde. Het grotere gebouw was een samenstel van ketelbehuizingen, silo's, maalderijen en een watertoren. Deze historische relicten zijn uiteindelijk onder monumentenzorg geplaatst. Diverse minder precaire opstallen als opslaggebouwen en loodsen zijn gesloopt.

Het grote gebouw was vanwege de hybride en fijnmazige draagconstructie niet geschikt te maken voor de commerciële verhuur van woningen of kantoren. Het gebouw zou echter in cultureel opzicht voor een impuls kunnen zorgen en op die manier indirect wel kunnen bijdragen aan het economische rendement. Op initiatief van architect Roger Diener werd contact gelegd met een kunstenaarscollectief dat elders in Basel had geëxperimenteerd met de zogenaamde Werkraum-gedachte. In het project Schlotterbeck (1990-1993) hadden zij laten zien hoe bestaande gebouwen met beperkte middelen geschikt konden worden gemaakt voor culturele bestemmingen. Op basis van deze ervaringen is voor het Warteck-gebouw een vereniging met de naam Werkraum Warteck pp opgericht. De laatste letters staan voor

Brouwerij

Woon- en werkgebouw

Oud en nieuw

Brouwerij en woongebouw

Rooilijn, inspringing

Hof

Landschap

Landschap, oude, nieuwe gebouwen

'permanent Provisorium'. Doel van de vereniging is het gebouw te beheren en voor kunstdoeleinden in stand te houden.[13] De vereniging heeft het gebouw ontwikkeld tot een cultureel centrum waarin ateliers, werkruimten, een dansstudio, circus, galerie en restaurant zijn gehuisvest. Het is een openbaar gebouw geworden dat in een permanente staat van verandering verkeert. Het nestelt zich in de informele cultuur van kleine bedrijven die de wijk kent en voorziet het ensemble van een mondain imago. Aanvankelijk werd het gebouw door Warteck Invest in bruikleen gegeven, maar inmiddels heeft Warteck het gebouw aan de beheersvereniging geschonken. De waarde van het onroerend goed kan via hypothecaire leningen worden benut voor het verder bruikbaar maken van het gebouw.

Het nieuwbouwplan van Diener+Diener neemt de architectonische heterogeniteit van de voormalige opbouwen tot uitgangspunt. Het woongebouw is een U-vormig gebouw met regelmatige bakstenen gevels. Het is een architectuur die onmiskenbaar geïnspireerd is door die van het latere werk van Alvar Aalto in Amerika.[14] Het gebouw omsluit een groen hof, dat bereikbaar is via een kleine poort aan de straat en via een grote opening naar het winkel- en kantorengebouw, een atriumgebouw. De begane grond daarvan wordt benut door een supermarkt. Verder zijn hier de portieken voor de verdiepingen, de inrit naar de parkeergarage en een passage tussen straat en binnengebied opgenomen. Het atrium loopt vanaf de eerste verdieping tot het dak. De gevels zijn met lichtgroene betonnen panelen bekleed. De gevelopeningen zijn in een zigzaggend patroon geplaatst, dat nogal wat verstoringen kent als gevolg van allerlei functionele details. Type, maat, materiaal en esthetiek onderscheiden zich van het woongebouw. Onder de beide gebouwen en een groot deel van de buitenruimte ligt een grote parkeergarage. De gebouwen zijn direct toegankelijk vanuit de garage. Vanaf het maaiveld is de garage niet terug te vinden. Er zijn zodanig stevige grondpakketten aangebracht dat volwassen bomen goed kunnen groeien.

Nieuwe en oude gebouwen volgen globaal de rooilijnen, maar vormen geen gesloten gevelwanden zoals dat in de negentiende eeuw gebruikelijk was. Ook op andere manieren worden de clichés van de negentiende-eeuwse stad genuanceerd. Christoph Luchsinger heeft erop gewezen dat dit plan zich kritisch verhoudt tot deze clichés en met name tot de status van het gesloten bouwblok.[15] Het is volgens hem bijvoorbeeld geen gegeven dat het gesloten blok een onderscheid tussen een stenen openbaar gebied en een groen binnengebied in stand houdt. Ook is het niet vanzelfsprekend dat gesloten blokken een scherpe grens tussen openbaar en privéterritorium afbakenen. Vooral in landen met een traditie van grotere bouw-

13. Dammeyer, F., Erbacher, V., Grögel, K., Schreier E., *Werkraum Warteck pp*, Basel (Verein Werkraum Warteck pp) 2004.

14. Zie ook: Heijden, H. van der, 'Innovatie van het bouwblok', in: *De Architect*, mei 2003.

Toegang

Woongebouw

Nieuwe gevels, verschillen

Nieuwe gevels, verschillen

Bouwlijnen uit omgeving

Supermarkt

Dak woongebouw

Patio werkgebouw

blokken worden de gebouwen in de kern van het blok ontsloten door gecompliceerde semiopenbare ruimten met veelal een steenachtig karakter.

In het Warteck-ensemble komt een reeks van groene en steenachtige ruimten voor. Alle ruimten zijn openbaar. Het woongebouw omsluit een hof met een gazon en bomen. Tussen de brouwerij en het woongebouw ligt een bomenrij. Het landschapsontwerp is overigens steenachtig en is af en toe van compact stedelijk groen voorzien. Landschap en oude en nieuwe opstallen verkeren in evenwicht met elkaar. Het is dus niet de harde rand van de rooilijn of een uniform architectonisch beeld waardoor de gebouwen in esthetische zin met elkaar worden verbonden, maar juist de balans die gevonden is in de positionering van de gebouwen onderling.[16] Overigens is het landschap in de ogen van Roger Diener het minst succesvolle onderdeel van het complex. Hij had liever minder verschillen gezien en een uniforme kiezelbestrating aangebracht.[17] De precieze differentiatie van de vier bouwblokken veronderstelt ook een architectonisch verband. Het bevestigt dat dit soort integraal denken kwetsbaar is in ingewikkelde opgaven met een lange looptijd.

Ook voor de verschillende functies binnen het bouwblok is naar een balans gezocht. Woningen, winkel- en kantoorgebouw, het Warteck-gebouw en de kroeg op de hoek verbeelden een stedelijke levendigheid. De brouwerij manifesteerde zich op het eind van de negentiende eeuw krachtig in de stadseconomie. Daarna ontwikkelde het complex zich langzamerhand tot een passief stadsfragment. De monumentale status was historisch bepaald. De huidige programmatische mix zorgt ervoor dat de twee relicten van de brouwerij zijn opgenomen in een sociaal-cultureel brandpunt in de stad. De gebouwen profiteren van elkaar, niet alleen in functionele, maar ook in planeconomische zin. Naar het schijnt voorzag de projectontwikkelaar dat de opbrengsten van de nieuwe woningen zouden stijgen door de aanwezigheid van culturele functies in de oude brouwerijgebouwen.[18]

Onderdelen van de bierbrouwerij zijn alleen gehandhaafd waar dit historisch te verdedigen was. De gebouwen vertonen geen imitatie van de architectuur in de omgeving of van het complex zelf. Moderne verworvenheden, zoals de supermarkt, zijn gecombineerd met zowel alledaagse woningen als een in het oog lopend cultureel centrum. Dit realisme gaat verder dan een aanpassingsarchitectuur die illusies van economische kleinschaligheid in stand houdt door een architectuur van algemeenheid. Niet de verschillen van de gebouwen in de stad of de persoonlijke fascinaties van de ontwerpers dragen het ontwerp, maar de gedeelde eigenschappen en de gemeenschappelijke waarden waarop deze zijn gebaseerd.

15. Luchsinger, C., 'Ein Bild von Stadt', in: *Werk, Bauen + Wohnen*, no. 9, 1996.

16. Lampugnani, V.M., 'Dansfiguren van stevig metselwerk. Over stedenbouw van Diener + Diener', in: Vandermarliere, K., Geystelen, A. van, *Stadsgezichten Diener + Diener*, Antwerpen (deSingel) 1999.

17. E-mail Roger Diener aan de auteur, 24 oktober 2005.

18. *Ibid.*, noot 13.

Oorspronkelijke situatie, 1990

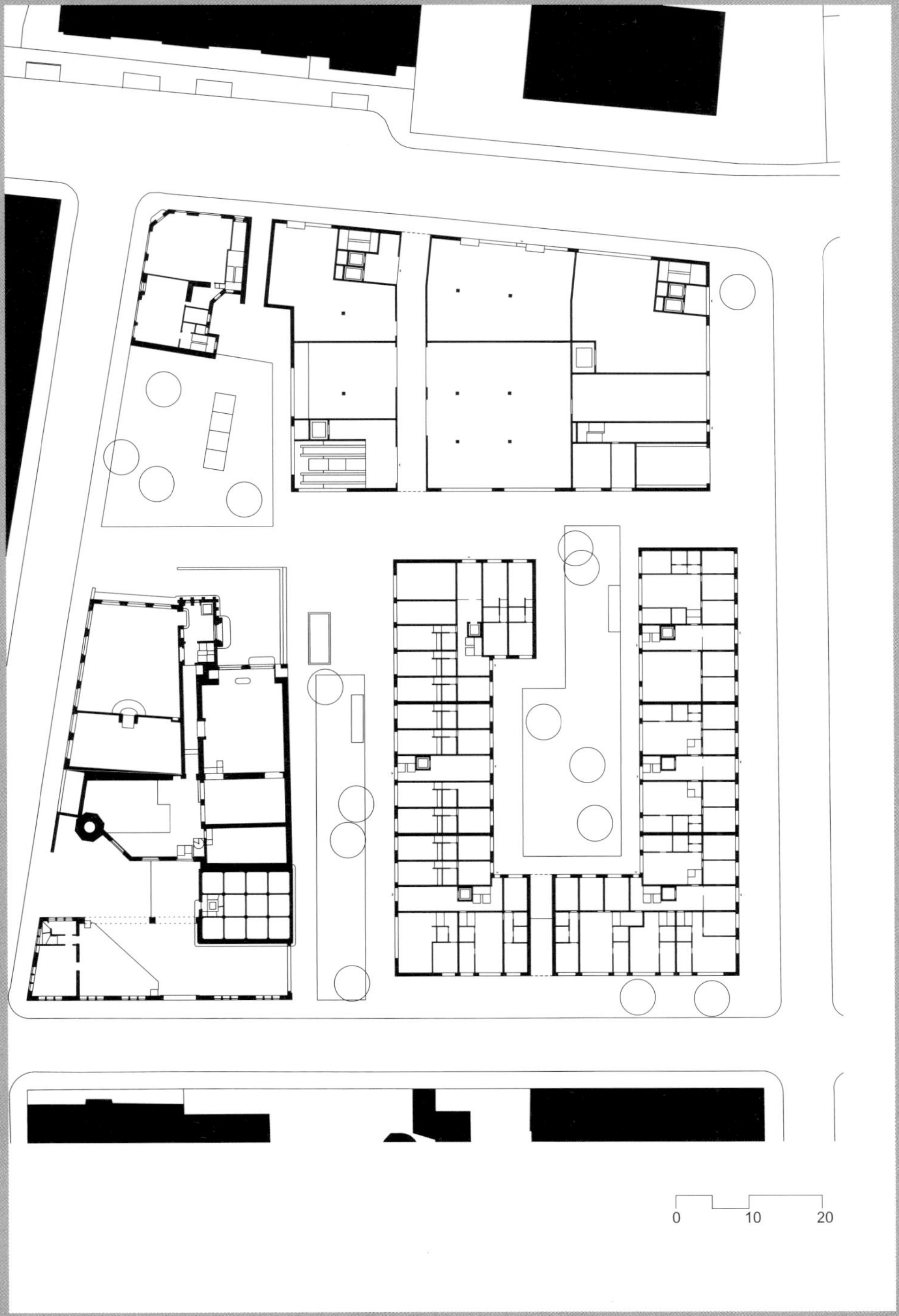

Nieuwe situatie, 1996

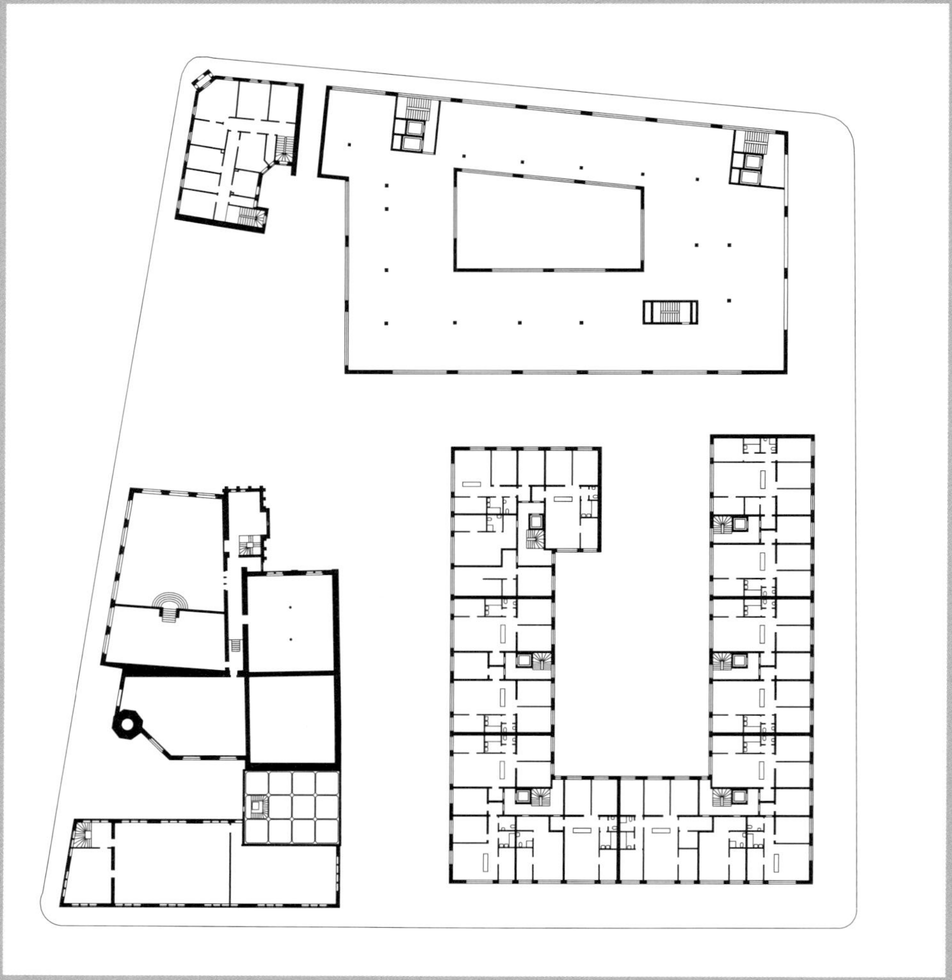

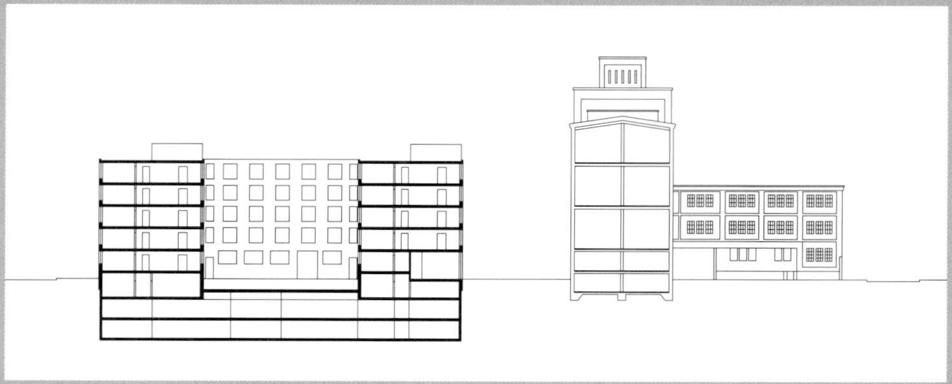

Plattegronden brouwerij, woongebouw en kantoren

Doorsnede woongebouw en brouwerij

INZET

Aanleiding

- leegstand brouwerij

Job

- articulatie cultureel stadsblok

Aggregatieniveau

- stadsblok en omliggende wijk

ONDERHANDELBAARHEID

Vast deel

- het radicale beeldverschil tussen gebouwen
- uniform landschap

Voorwaardelijk deel

- bouwmassa

Week deel

- parkeergarage

RELICTEN

Fysieke restanten

- monumentaal gedeelte brouwerij (monumentaal, maatschappelijk motief)
- café (sociaal-economisch motief)

Conceptuele restanten

- industrieel ensemble als samengesteld stadsblok (functioneel, cultureel, architectonisch motief)
- rooilijn (stedebouwkundig motief)

Verdwenen relicten

- gesloten straatwand (motief van openbaarheid)
- niet-monumentale gebouwen brouwerij (monumentaal motief)

EXTERNE CONDITIES

Financiering

- geheel door brouwerij

Besluitvorming

- instandhouding brouwerij afgedwongen via referendum
- bezit en ontwikkelingsinitiatief in één hand
- ontwerp in één hand

Programmatische kleuring

- Warteck pp als parasiet
- wederzijdse afhankelijkheid in cultureel programma

Faalfactor

- beperkte regie over landschap

Pradopark
Kortrijk
België

Relictenkaart. Ring van verschillende activiteiten; garages, kinderopvang, dansschool, volkstuintjes, reken en schoorsteen	Rand en bebouwing aan de omliggende straten
Openbare ruimte	Reken

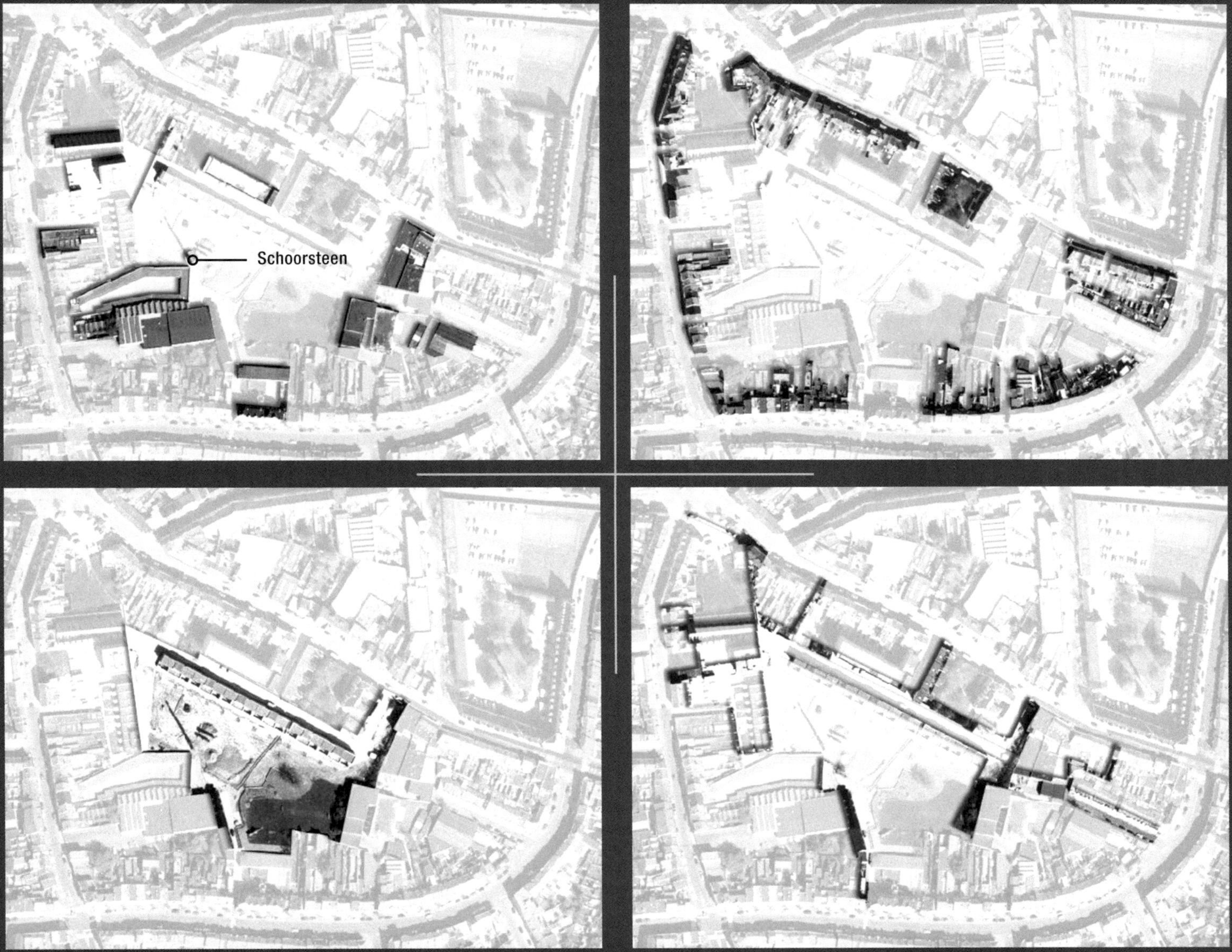
Schoorsteen

4.6 Pradopark, de externe condities van een fabrieksblok

Op initiatief van een woningcorporatie werd in 1990 een prijsvraag in twee ronden gehouden voor een groot stadsblok in het Belgische Kortrijk, die de architecten Paul Vermeulen en Henk de Smet wonnen. Het gebied ligt in een arm stuk van de stad, dat Hugo Claus ooit als achtergrond gebruikte voor de tekening van het volkse Vlaamse leven. Dit verband is door Paul Vermeulen gelegd: 'In Hugo Claus' roman *Het verdriet van België* is sprake van een villa in een tuin langs een straatachtige invalsweg van de stad; uit bijzonderheden heb ik afgeleid dat hij het grote huis in de Zwevegemsestraat voor ogen moet hebben gehad. Maar het is erg apocrief. Claus' roman speelt zich eigenlijk af in een denkbeeldige stad "Walle". Omdat hij zelf opgroeide in Kortrijk en de roman autobiografische trekken vertoont is men er Kortrijk in gaan zien. Mijn vader is een Kortrijkzaan en vertelde zelf enkele van de oorlogsanekdoten waar Claus mee komt aanzetten.'[19]

De woningcorporatie had een aantal woningen in het blok in bezit en zag mogelijkheden door het verdwijnen van de tapijtenfabriek Prado, die in het hart van het blok lag. Aangezien de kwaliteit van de woningen niet goed was, lag het voor de hand om eventuele interventies te koppelen aan toekomstige mogelijkheden als gevolg van het vrijkomen van de grond van de fabriek. De prijsvraag vroeg dan ook om een ontwerp voor het gehele bouwblok.

Prado textielindustrie zat in het midden van het blok. De patroon van de fabriek bouwde arbeiderswoningen voor zijn medewerkers. Het waren over het algemeen kleine huisjes van 3,60 × 4,10 meter. Soms had één huisje wel meer dan tien bewoners. Een arbeiderswoning was een winstgevende beleggingsvorm en de dichtheid werd dus zo hoog mogelijk gemaakt. Er werd bezuinigd op bouwmaterialen en alleen de meest gangbare woningtypen werden gebouwd: lage, uit één etage samengestelde woningen met een zadeldak. Omdat de woningen maar één verdieping hadden, hoefde er niet geheid te worden. De meeste woningen werden al dertig jaar niet meer bewoond.

De prijsvraagorganisatie streefde naar een integrale benadering van het gebied, waarin gezocht werd naar herwaardering, een oplossing voor de woningnood en de huisvesting van kansarmen. Het stadsbestuur van Kortrijk zag het blok als herwaarderingsgebied, maar had geen financiële middelen. Het deed een beroep op de plaatselijke maatschappijen voor sociale huisvesting. Samen maakten zij de prijsvraag. De nationale overheid erkende dit project niet als herwaarderings- of woningnoodgebied. Het stadsbestuur besloot uiteindelijk een premie te geven aan

19. E-mail van Paul Vermeulen aan de auteur, 19 juni 2006.

Doorsteek in patioblok

de partijen die de vernieuwingsoperatie gingen uitvoeren. Het initiatief lag dus bij de woningcorporatie in samenwerking met de stad als aandeelhouder. De jury die de plannen beoordeelde had daarvoor het structuurplan voor Vlaanderen geschreven. In de jury was aanzienlijke intellectuele slagkracht verzameld.[20]

De Smet Vermeulen onderscheidde drie ordes in het blok: de randbebouwing aan de omliggende straten, daarachter de ring waar zich diverse programma's hadden genesteld zoals garages, kinderopvang, een dansschool, volkstuintjes, maar ook arbeiderswoninkjes aan karakteristieke stegen en tenslotte de open ruimte die in het hart van het blok zou ontstaan na sloop van de fabriek. De troef van het ontwerp is de open ruimte van het blok, maar de crux van het ontwerp zit in de manier waarop deze ruimte aantakt op het publieke netwerk van de stad. De architecten gebruiken hiervoor het motief van de *reken*, de stegen door de ring van het blok. Deze reken zijn onlosmakelijk verbonden met de volkse, in sommige ogen achterlijke, woonstijl in het gebied. Ruimtelijk zorgen zij voor informele routes naar het fabrieksterrein. De krappe maat kan ervoor zorgen dat de binnenruimte van het blok zich voordoet als een vrijplaats.

Op de kaart die bij de definitieve prijsvraaginzending hoort is een netwerk van reken, pleintjes en een grote parkachtige ruimte in het hart van het blok als een zware witte vlek aangegeven. De gebouwen zijn in zwart aangeduid. Nieuwe en oude elementen zijn nauwelijks van elkaar te onderscheiden. Ondubbelzinnig benadrukt de tekening de ambitie van het plan. Het gaat om het maken van een stadspark dat zich via een stelsel van oude en nieuwe reken in de stad Kortrijk vastzet. Het is een inversie: daar waar een groot gebouw stond ontstaat een leegte. De woningbouwopgave wordt uit dit idee afgeleid. Het plan is getekend met objecten. Alle ingrediënten hebben een ondubbelzinnige naam en kunnen dus één voor één als heldere architectonische opgave worden getypeerd: reek, plein, parkeerveld, volkstuin, stadspark, kas, rijtjeshuis, stadsvilla, laan, toren, fabriekspijp, pad, tuinmuur, patiowoning etc. De Smet Vermeulen stelt een stedebouw voor van samenhangende, maar van elkaar afgebakende, architectonische interventies. De afzonderlijke opgaven zijn klein van schaal en passen in de fijnmazige eigendomsstructuur in het blok. Dit is cruciaal in de Belgische context, omdat grond doorgaans in privébezit is. Het enige grote gebaar, het stadspark met een lang gebouw aan de rand, ligt op de grond van de oude fabriek, die in één keer beschikbaar zou komen. De notatie van het stedebouwkundig plan is concreet en nergens schematisch. Op geen enkele tekening komen pijlen of symbolen voor.

20. Juryleden:
A. Desmet (Kabinet Gemeenschapsminister van Huisvesting – adviseur),
J. Segers (V.H.M Brussel – Hoofdarchitect),
G. Maebe (Administratie Huisvesting – Bestuursdirecteur),
V. Lenoir (A.R.O.L. Brugge – Architect),
F. Vanwalleghem (Ingenieur – Architect Stadsbestuur Kortrijk),
W. Vandeginste (Leiedal – Architect Stedebouwkundige),
Ch. Vermeersch (Professor R.U.G. – Stedebouw en R.O.)
ST. Beel (Zelfstandig Architect – Urbanist),
M. Olivier (Volksvertegenwoordiger – Voorzitter C.V. Eigen Erf en Huis),
A. Sonneville (Zaakvoerder C.V. Eigen Erf en Huis – Secretaris van de jury).

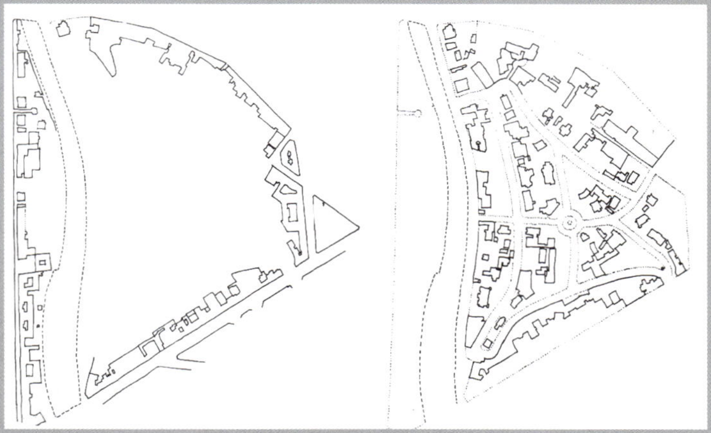

Straatbeeld, Filips van de Elzalaan

Schoorsteen, park

Gastanks en patioblok

Voorbeeld van de Parijse villa, Villa de Montmorency, rand en binnenhof

Hollands blok

Autostalling

Menging types

Patioblok en park

De kracht van dit voorstel is de voorstelbaarheid. Omdat wordt voortgebouwd op aanwezige ruimtelijke relicten zou het project gedurende de te verwachten lange looptijd op geen enkel moment vreemd of onaf lijken. Het plan lijkt een hoge mate van onderhandelbaarheid te bezitten. Zolang het netwerk van reken, pleinen en stadspark in stand blijft, kunnen de andere interventies nog andere vormen krijgen.

De gekozen bewerking van het bouwblok maakt het mogelijk het blok totaal anders te typeren. Het blok heeft vanouds een samengesteld karakter en is vrijwel amorf. Met de voorgestelde articulatie van de open kern wordt het plotseling mogelijk om bijvoorbeeld van een superblok te spreken. Het is echter nauwkeuriger om een specifieke deelverzameling binnen de familie van superblokken aan te wijzen: de Parijse villa. Hier komen veel van de thema's van het Kortrijk-blok terug: een harde stedelijke rand en een contrasterende binnenwereld die beperkt toegankelijk is. De villa als een dorp binnen de stad.

Om het stadspark te kunnen maken wordt alle bebouwing aan de randen geplaatst. De rand aan de noordkant reageert op de rechte lijn van de achterkanten van de ring. Het is een strip van patiowoningen die zowel in vorm, schaal en typologie een scherp, nieuw architectonisch fenomeen in het blok vormt. Aan de zuidkant wordt op de rafelige rand van de ring gereageerd met een puntsgewijze, onregelmatige bebouwing. Ter plaatse van de beëindiging van een aantal reken aan de westzijde wordt een rechte rooilijn geïntroduceerd. Daar wordt een wand gemaakt waardoor een 'gerationaliseerd Hollands bouwblok' ontstaat. In dit bouwblok bevinden zich onder andere een pleintje en parkeerplaatsen.

Volgens de jury is de kwaliteit van de inzending van De Smet Vermeulen dat er geen sprake is van nostalgie of slaafse navolging van het bestaande. Er wordt wel ingespeeld op de bestaande structuur. Er ontstaat een stedelijke vrijplaats die aan haar diverse randen op zeer gedoseerde wijze wordt gearticuleerd. Het autoverkeer wordt bijzonder soepel en discreet afgewikkeld.[21] Na het winnen van de prijsvraag krijgt het bureau De Smet Vermeulen een aantal vervolgopdrachten. Dit zijn kleinere opdrachten voor het ontwikkelen van de woongebouwen. De woningcorporatie trekt het proces en voert parallel met de bouwprojecten onderhandelingen over de verwerving van grond en de uitvoering van de publieke infrastructuur van het plan, die door de stad Kortrijk wordt gedaan. Er is geen sprake van een organisatie die op dit project is geënt. Het stedebouwkundig plan van De Smet Vermeulen heeft geen formele status, maar dient afwisselend als onderhandelingsdocument en verleiding. Partijen staan vast in hun maatschappelijke posities. In deze situatie kiest De Smet

21. Juryrapport: 'verslag zitting van de jury 18-12-1990,' in: *Ideeën- en architectuurwedstrijd*, Kortrijk (C.V. Eigen Erf en Huis) mei 1991.

Vermeulen voor een slimme, maar arbeidsintensieve strategie. Zij kiezen ervoor hun bouwprojecten altijd in een geactualiseerde plankaart te tekenen en blijven op eigen initiatief reageren op nieuwe ontwikkelingen rondom het project. Hierdoor blijft het ontwerpwerk voortdurend stedebouwkundig georiënteerd.

De realisatie van het project is in twee grote stappen te beschrijven. Deze plandelen zijn thematisch min of meer consistent en bovendien in één keer gerealiseerd. In 1995 is het 'Hollandse bouwblok' grotendeels gerealiseerd. Het was de bedoeling om een rijtjesblok aan de Barbes Reke en een veilingzaal te renoveren, maar dat bleek niet haalbaar. De rooilijnen van de oude gebouwen zijn voor de nieuwe ontwerpen aangehouden. Als eerste is een rijtje woningen aan de Barbes Reke en een klein blokje woningen aan de rand van het blok aan de Sint Denijsstraat teruggebouwd. De tuinen van het rijtje liggen net als voorheen aan de zuidzijde, maar de toegang is verschoven van de zuid- naar de noordkant. Hierdoor krijgt het grasveld aan de noordzijde van het blok een formelere kwaliteit. In het prijsvraagplan zouden hier alleen achterkanten aan grenzen. Later blijkt dat deze keuze een wissel trekt op de ontwikkeling van de noordkop van het blok. Het huis aan de Sint Denijsstraat is twee beuken breed en heeft een eenvoudige architectuur van ramen en deuren. Beide blokjes hebben een kap met zware schoorstenen en licht oranje metselwerk en dakpannen. Het beeld is onmiskenbaar afgeleid van de bebouwing langs de reken.

Op de plaats van de veilingzaal komt een stadsvilla, die de maat van de zaal volgt. Aansluitend wordt een rijtje woningen met een plat dak gebouwd. De architectuur van deze twee gebouwen is geometrischer dan het 'Hollandse bouwblok' en valt niet meer terug op lokale historische beelden. De gebouwen zijn met hard oranje metselwerk bekleed. De gevels hebben liggende raamopeningen die in de muurvlakken zijn geponst. Er worden overwegend beweeglijke gevelcomposities gebruikt. Deze architectuur zal uiteindelijk door het gehele plan worden voortgezet.

Achter de stadsvilla komt een parkeerterreintje met een aantal gebouwtjes eromheen, gedeeltelijk overdekt met een carport. Het gebouw is gemaakt met een aantal zware stalen liggers die uit de voormalige tapijtfabriek komen. De liggers dragen het dak, maar worden ook vrijelijk als hekwerk gebruikt. Daarnaast is een trafostation gebouwd. Deze is grotendeels bekleed met de oranje steen die in het gehele project voorkomt. Aan één kant zijn een verlichte glasplaat en bankje toegevoegd. Het trafostation wordt een verlicht, zoemend object dat in zijn architectonische behandeling nog het meest lijkt op de entree van de stadsvilla ertegenover. Het blokje dat dit parkeerterrein naar de Sint Denijsstraat moet afsluiten wacht nog op realisatie.

Reken en stegen

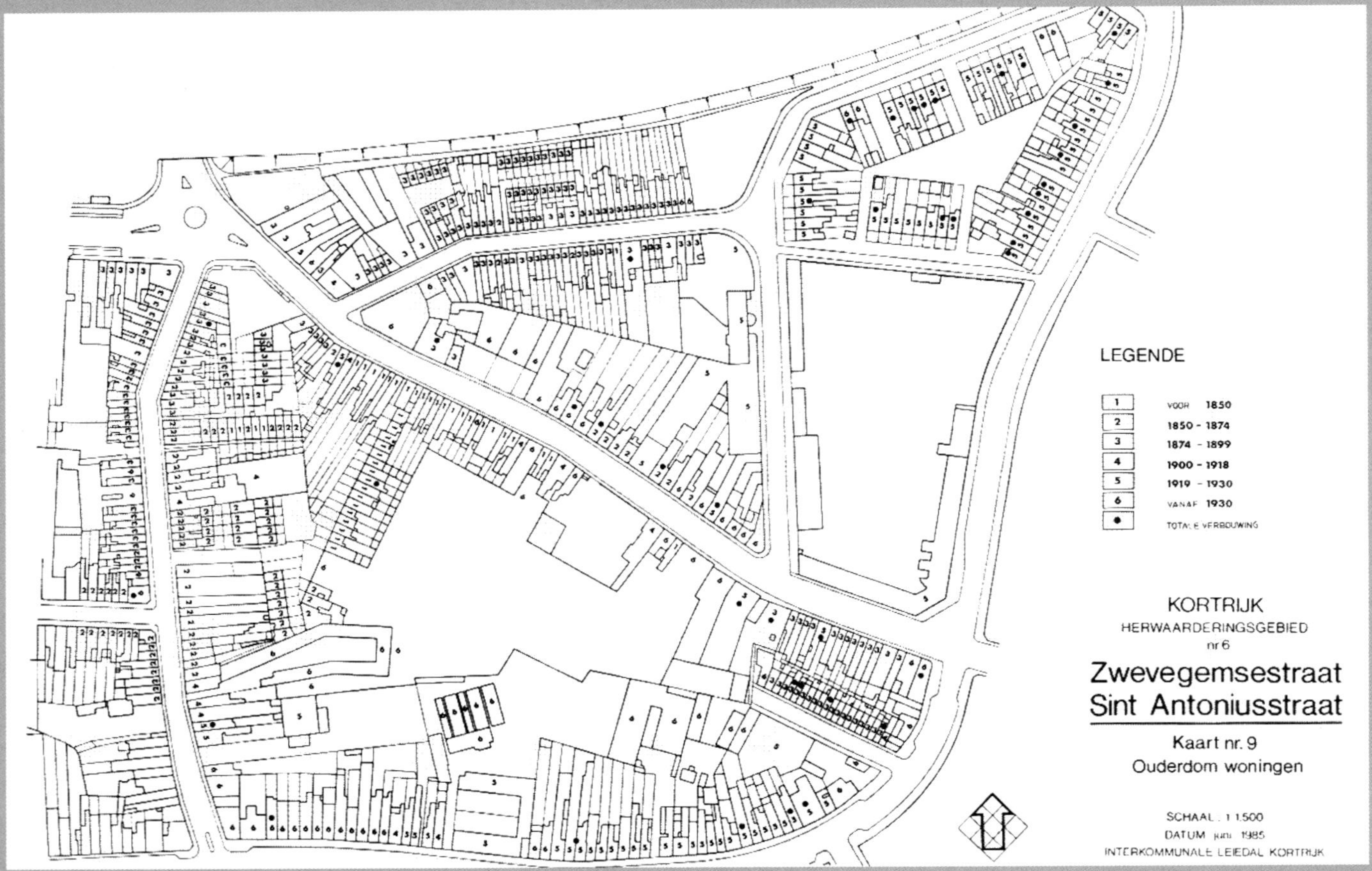

Bestaande toestand: ouderdom van de woningen

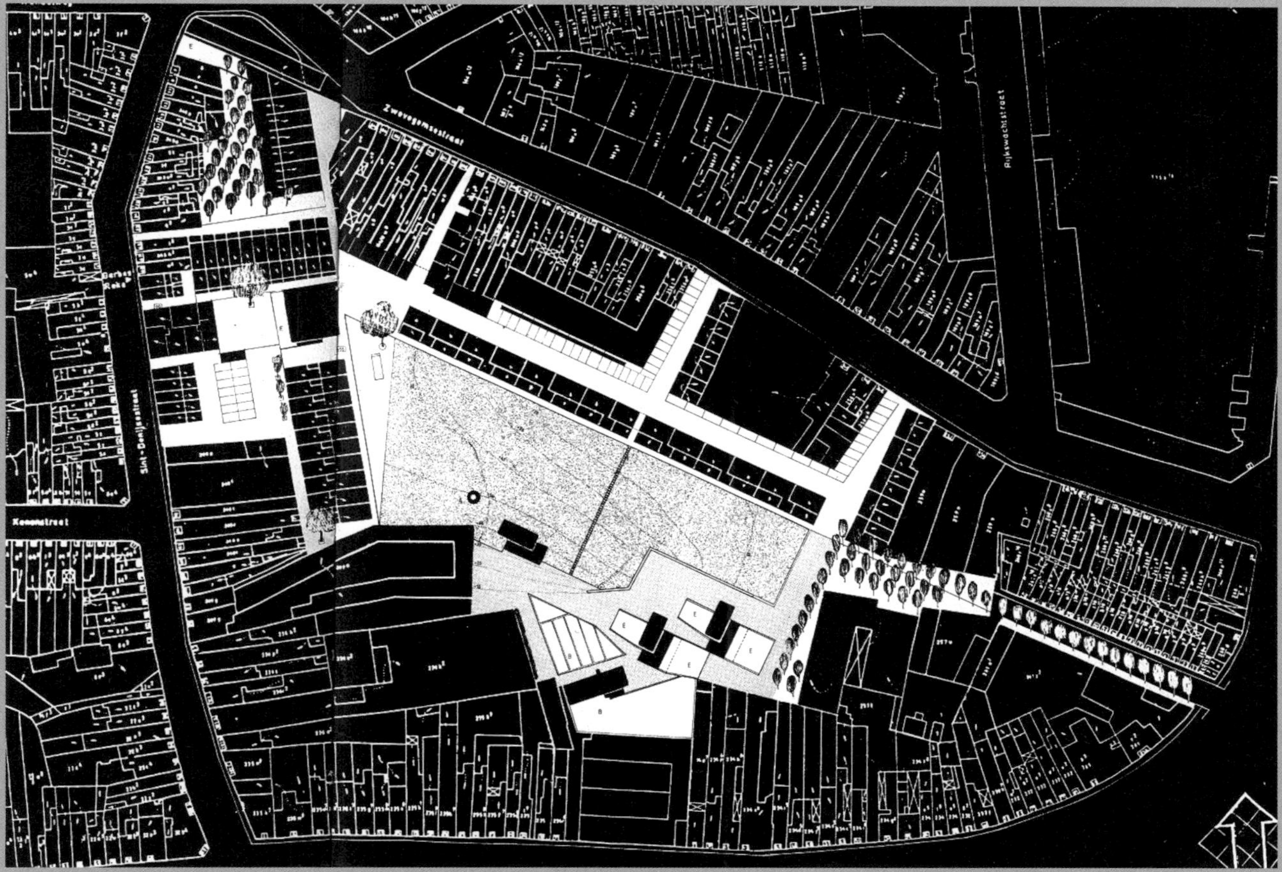

Kaart, prijsvraaginzending

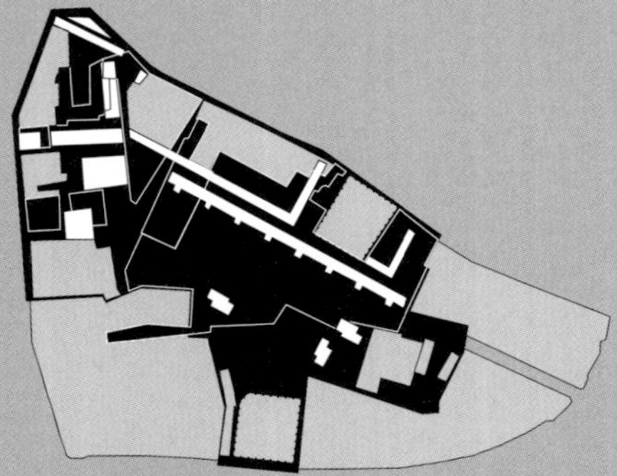

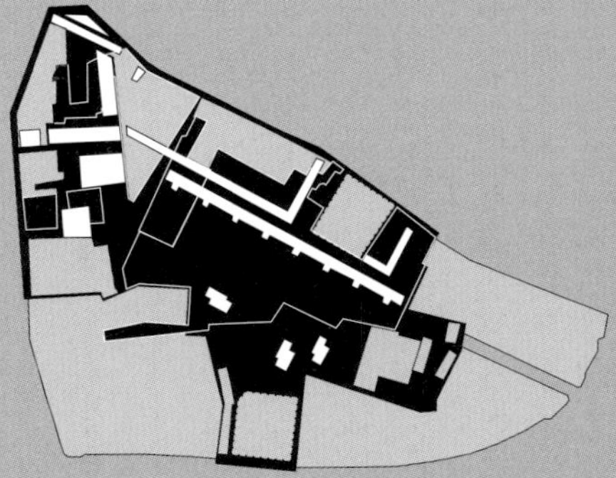

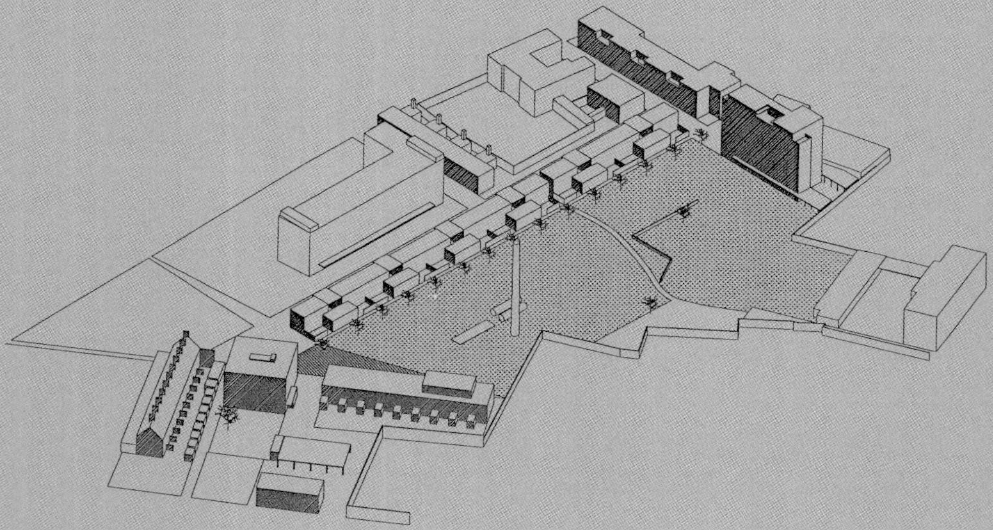

Ontwerp eerste ronde, oktober 1990

Ontwerp tweede ronde, 1990

Beeld De Smet Vermeulen Architecten

Rond 1998 wordt verder gewerkt aan de oostrand van het stadspark. De strip met twaalf patiowoningen wordt gerealiseerd. Het blok wordt voorzien van een doorgang en iets ingekort. De woningen hebben een doorlopend dak, maar dankzij ruime dakterrassen is het blok in dwarsrichting ook transparant. De woningen hebben een patio met een halfhoge muur aan het stadspark. De plattegronden zijn steeds over de diagonaal georganiseerd, waardoor de woningen een bijzonder ruimtelijke kwaliteit hebben.

Haaks op het patioblok is een kort rijtje met vier woningen gerealiseerd langs een nieuw reek. Het hoge fabriekspand in de ring kan niet alleen vanwege de kosten niet worden gesloopt, maar ook omdat allerlei bouwsels aan de achterzijde op het gebouw leunen. Het blok is gerenoveerd tot een woongebouw voor kansarmen. De ring wordt verder afgebouwd met een carport.

Met het patioblok is het stadspark gedefinieerd. Het ontwerp voor het park wordt door de landschapsarchitect Filiep Speybrouck gemaakt, de wegenissen zijn ontworpen door nv B.C. uit Kortrijk. Paul Vermeulen zegt dat Filiep Speybrouck op hun aangeven een plan heeft gemaakt. ‘Wij wilden vooral een weinig ontworpen, tolerant park hebben, en dat is het ook geworden.’[22] Het is een niet al te gedetailleerd gazon, waarin relicten van de fabriek, zoals de schoorsteen, funderingsresten en gastanks de spaarzame inrichting vormen. De volkstuintjes in het park zijn vervallen, omdat de kas die daarbij hoorde inmiddels is gesloopt. De drie slanke torentjes in het park zijn vervangen door een grotere strook aan de kop van het park. Aansluitend hierop worden lagere gebouwen tussen het patioblok en de Zwevegemsestraat getekend. Ook wordt stelselmatig de doorsteek tussen de oostelijke punt van het park en de Sint Denijsstraat getekend. Het appartementengebouw in de oostpunt van het park, waarmee het stadspark wordt begrensd, is in ontwikkeling.

De noordpunt van het bouwblok is ondertussen voortdurend onderwerp van studie geweest. Hier zijn verschillende oplossingen voor ontworpen. Moeilijkheid is dat elke oplossing die recht doet aan de harde lijn van het ‘Hollandse bouwblok’ en de voorkant van de Barbes Reke niet alleen veronderstelt dat onteigend moet worden, maar ook dat sloop nodig zal zijn. Het is veelzeggend dat op het enige punt waar De Smet Vermeulen zich de vrijheid had veroorloofd om niet binnen de eigendomsgrenzen te ontwerpen de besluitvorming stagneert. Hier zijn de harde wetten van het onroerend goed aan de orde: wie de grond heeft bepaalt en kapitaalsvernietiging is alleen mogelijk als op een andere manier rendement kan worden gemaakt.

Het zal moeten blijken hoe het plan zich verder ontwikkelt en of het plan sterk

22. *Ibid.*, noot 19.

genoeg is om imperfecties te accommoderen. Het valt op dat de wendbaarheid binnen het plan nogal verschilt binnen de drie ordes die de architecten in het plan onderscheiden. De ring en de open ruimte in het hart zijn vrijwel af. Wijzigingen in het plan waren in kwalitatief opzicht vrijwel neutraal. Enigszins gechargeerd zou je over het binnengebied kunnen zeggen: het kan zo, maar het mag ook anders. Binnengebieden zijn van oudsher tolerante stukken stad met een beperkte economische waarde. De locaties in de derde orde, de rand, zijn sterker gebonden aan de stedelijke economie en trekken door hun beeldbepalend belang veel meer politieke aandacht. Hier wreekt zich de gammele projectorganisatie. Het voortdurend tekenen van oplossingen door de architect forceert op dit schaalniveau blijkbaar geen oplossingen. Niet alleen lijkt het project beperkt politiek gedragen te zijn, ook ontbrak op dit niveau klaarblijkelijk het besef dat het bouwblok een publiek gezicht aan de rand nodig heeft.

De verdienste van het gerealiseerde project zit in het binnengebied. De opgeleverde gebouwen met de diverse buitenruimtes vormen een dorp binnen de stad. Het is een Kortrijkse villa met een robuuste architectuur die geen lokale architectonische beelden opslokt. Oud en nieuw gaan op een veel algemener niveau een verband aan. Typologische keuzen, afwegingen over maten en schalen en materialen zijn steeds opnieuw per deellocatie gemaakt en afgemeten aan het grotere stedebouwkundig idee voor het blok. De consistente oranje baksteenarchitectuur trekt verschillen tussen de onderdelen van het oude en nieuwe bouwblok glad. Dit project is weliswaar niet ostentatief regionalistisch gedacht, maar is nergens anders voorstelbaar dan in de instabiele Vlaamse stad van vandaag.

INZET

Aanleiding

- vrijkomen onroerend goed Prado

Job

- intensivering binnenterrein met woningen

Aggregatieniveau

- deel bouwblok in bezit ontwikkelaar

ONDERHANDELBAARHEID

Vast deel

- rekenpatroon
- park binnenterrein
- lange en hoge gebouwen in park
- oranje steen

Voorwaardelijk deel

- typologie gebouwen
- kleinschalige interventies
- hergebruik bestaande gebouwen

Week deel

- architectonische stijl

RELICTEN

Fysieke restanten

- schoorsteen (representatief, compositorisch motief)
- randbebouwing (stedebouwkundig motief)
- vakwerkliggers parkeerstalling (anekdotisch motief)

Conceptuele restanten

- reken (stedebouwkundig, architectonisch motief)
- kern in blok (stedebouwkundig motief)

Verdwenen relicten

- fabrieksgebouwen (bouwtechnisch motief)

EXTERNE CONDITIES

Financiering

- woningbouwdominante bezitter onroerend goed
- premie stadsbestuur

Besluitvorming

- initiatief bij relatief kleine woningcorporatie
- beperkte bestuurlijke betrokkenheid
- diversiteit aan rollen architect (stedebouwkundige, architect meeste deelontwerpen)

Programmatische kleuring

- per fase door woningcorporatie

Faalfactor

- beperkt gevoel van urgentie
- beperkte regie over landschap
- gefragmenteerd eigendom
- geen zeggenschap bezit derden

4.7 Stedelijke pragmatiek

In deze voorbeelden is een bewuste pragmatiek aanwezig die de planmatige constellaties in de kapotte stad op trefzekere wijze beantwoordt. KODE brengt deze in beeld. Vanzelfsprekend was KODE voor de ontwerpers van de projecten geen agenda vooraf. Het bewustzijn van de verschillende thema's en onderliggende aspecten is echter bij allen aanwezig, zij het niet altijd even expliciet. Ook ligt de nadruk per plan steeds op andere thema's.

Er zijn parallellen te trekken. De stad wordt in deze voorbeelden voorgesteld als een verzameling van concrete dingen. Dat geldt voor de gebouwen en in het bijzonder voor de openbare ruimte. Dit zijn de reken in Kortrijk, de binnenhoven in Lissabon, de paden met steenmuurtjes in Monte Carasso. De notatie van de plannen is concreet. Een pad is een pad en geen pijltje, een gebouw is een structuur met een heldere typologische uitspraak en geen vlek.

De kapotte stad is steeds in architectonische termen getrokken. Het is per plan duidelijk welke relicten van belang zijn en de moeite van herstel en integratie waard zijn. De bestaande stad wordt in fragmenten uiteengelegd en ook zo gewaardeerd. Interventies krijgen hierdoor de kwaliteit van een eigentijdse en zelfbewuste laag. Nieuwbouw en renovatie zijn daarbij gelijkwaardige architectonische opgaven. Omdat een mix van middelen is ingezet, die niet zoals in veel integrale benaderingen volledig onderling afhankelijk zijn, zijn de projecten op onderdelen bij te sturen en bezitten daardoor het vermogen om het ontwikkelingsperspectief gedurende langere tijd te bepalen.

Er zijn ook verschillen. Het politieke gewicht en het bijbehorende aggregatieniveau verschilt per plan. Het lijkt erop dat hoe meer gewicht het project heeft, hoe hermetischer het kan zijn. De plannen van Siza en De Smet Vermeulen zijn hierin uitersten.

KODE legt de opgavedefinitie bloot. Het bevestigt dat de architectuur als vrij beroep zijn eigen wetten kent en een autonoom vak is.[23] Maar tegelijkertijd hebben de vrije beroepen altijd een dialectische verhouding met de buitenwereld. Zo heeft ook de medicus zijn vak met een eigen reservoir van kennis en onderzoek, een op zijn professioneel handelen toegesneden ethiek en exclusieve verantwoordelijkheden, maar is tegelijkertijd gebonden aan de omstandigheden van de maatschappij met alle diversiteiten als verzekeringskwesties, nieuwe maatschappelijke vragen, kostenverantwoordelijkheid etc. De vergelijking ligt voor de hand. De architect is dokter in de kapotte stad.

23. Onder de vrije beroepen vallen architecten, accountants, advocaten, notarissen en artsen.

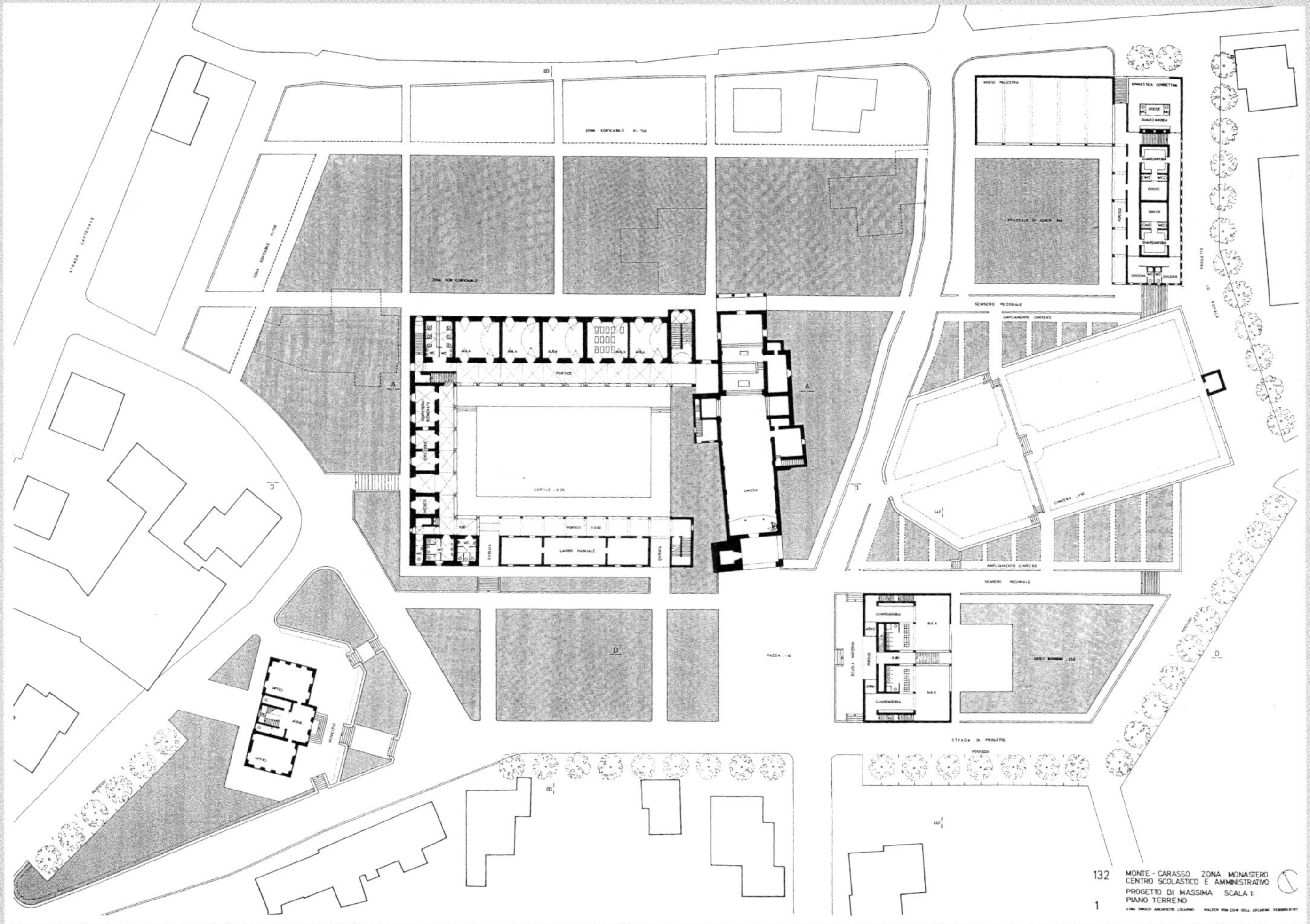

Ontwerp voor school, kerk en gemeentehuis van Monte Carasso door Luigi Snozzi

5 Oefeningen in de naoorlogse woonwijk

In dit hoofdstuk wordt KODE gebruikt als ontwerpmethodisch gereedschap in het specifiek Nederlandse probleem van de naoorlogse woonwijk. Want dat is het: een probleem. Je kunt erover twisten of de naoorlogse woonwijken kapot of sleets zijn, maar in de termen van Crombag en Van Dun is het zeker geen vraagstuk waarop een snel, eenduidig en voor iedereen acceptabel antwoord bestaat. Gezien de heftigheid van de sociale problematiek en de enorme omvang en de schrale technische kwaliteit van de woningvoorraad in de naoorlogse woonwijk heeft de stedelijke vernieuwing hier waarschijnlijk meer het karakter van permanente aandacht dan van een definitieve oplossing. Na Pruit Igoe, de rellen in de Franse banlieus en de grootschalige sloop in de voormalige DDR en Engeland lijkt de naoorlogse woonwijk als zaak van openbare orde in de belangstelling gekomen.

Wij zullen moeten leren leven met de imperfecte naoorlogse woonwijk. De totale omvang van de naoorlogse woonwijken is groot. De wijken bezitten beperkte historische diepte. De woonwijken van na de Tweede Wereldoorlog vertegenwoordigen een architectonisch kennisvraagstuk. In tegenstelling tot de maatschappelijke opgave van de stedelijke vernieuwing, is de opbouw van kennis over de naoorlogse woonwijk tamelijk eenduidig. Het is een vraagstuk, en misschien een urgent vraagstuk, maar zeker geen probleem. De open verkavelingen van torens, schijven en rijwoningen met een hoge mate van openbaarheid van de buitenruimte vertegenwoordigen een breuk met de gesloten stad, waar de verschillen tussen de openbare en de privébuitenruimten samenvallen in de gesloten bouwblokken. Het kennisvraagstuk van de naoorlogse woonwijken valt buiten het bestek van dit boek. Hier volstaat de vaststelling dat de naoorlogse woonwijken die gebieden zijn waar zich veel van de huidige grote stadsproblemen manifesteren. Het beheer van de openbare buitenruimte, die in overmaat aanwezig is, en de karigheid van de wederopbouwarchitectuur in termen van woninggrootte, bruikbaarheid en bouwtechniek grijpen daar op in. Maatschappelijke problemen en professionele vraagstukken staan dus met elkaar in verband. Enige bezinning hierop is gerechtvaardigd. Maar het architectenvak is niet zomaar verantwoordelijk voor problemen van beheer of openbare orde.

De uitdaging is om de stedelijke vernieuwing van de naoorlogse woonwijk een praktijk van continuïteit te laten zijn en die relicten te benoemen die stevig genoeg zijn om langdurige ontwikkelingsperspectieven te dragen. Nu de naoorlogse woonwijken gaan verstedelijken doordat ze hun programmatische en architectonische uniformiteit verliezen, is het aan de architectuur om antwoorden te vinden op deze nieuwe heterogeniteit. In het kader van dit boek zijn vier ontwerpstudies gemaakt die dit vraagstuk verkennen. Het zijn ontwerpen voor naoorlogse woonensembles met meerdere bouwblokken die programmatisch gedifferentieerd zijn en waarin aanzienlijke openbare ruimten zijn opgenomen. De opgaven zijn gesitueerd in verschillende gedaanten van de naoorlogse open stad. Ze anticiperen op de grote bouwstromen van de anonieme woonstad. De tekeningen en de ondersteunende analyses zijn steeds op dezelfde wijze vervaardigd. Omdat de zwaartepunten van de ontwerpvoorstellen steeds anders moesten zijn, zijn echter wel andere accenten in de voorstellen aangebracht. De noodzaak om woningplattegronden of gevels te ontwerpen was bijvoorbeeld niet altijd aanwezig en zou in die gevallen slechts afleiden van de kern van het voorstel. De ontwerpen zijn zo onderling vergelijkbaar, maar zijn ook te vergelijken met de referentieprojecten uit het voorgaande hoofdstuk.

Elk ontwerp is in laboratoriumomstandigheden ontwikkeld. Hoewel realisatie niet aan orde was, waren het concrete vraagstukken: de ontwerpen zijn steeds gebruikt bij de financiële en kwalitatieve afwegingen die aan realistische interventies vooraf gaan. De studies zijn begeleid door vertegenwoordigers van drie woningcorporaties. Zij speelden de rol van opdrachtgever, zodat de vitaliteit van de voorstellen kon worden getest. Evenals in het voorgaande hoofdstuk is in de beschrijvingen per ontwerp de nadruk gelegd op één thema van KODE. Deze accenten zijn aangebracht in de presentatie nadat de ontwerpen gereed waren. De vier projecten hebben in de ontwerpfase alle de ambitie gehad op een evenwichtige manier aan KODE te beantwoorden. Opgemerkt zij dat het aspect *faalfactor* niet is opgenomen onder het thema externe condities. Het zou speculatief zijn geweest om de bananenschillen van het plan vooraf in kaart te brengen.

Kanaleneiland
Utrecht

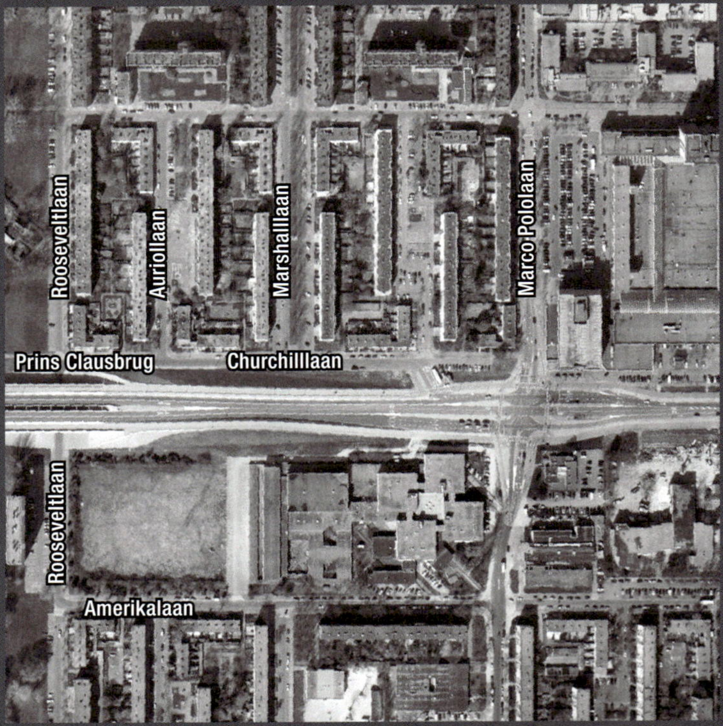

Kanaleneiland, Utrecht, wijk

Relict: groenstrook en drie hoge schijfvormige gebouwen

Relict: monumentale groenstructuur met vrije verkaveling versus regelmatige stempels

Relict: stempels noordelijke planhelft

Relict: lanen en de schijf aan het water

5.1 Kanaleneiland, bruggenhoofd als inzet

De Utrechtse wijk Kanaleneiland bestaat uit een aantal woonbuurten rondom een parkstrook. Een groot deel van de woningen is in 'stempels' verkaveld. Deze herhalen zich met een zekere regelmaat. De stempels bestaan grotendeels uit middelhoogbouw, meestal trapportiekwoningen. Opvallend is dat de hoeken vaak gemaakt worden door haken laagbouwwoningen. Ongeveer de helft van de wijk is echter vrij verkaveld, met sterk objectmatige gebouwen. Dit stuk bevat bijzondere programma's en woontorens. Kanaleneiland ligt aan het Amsterdam-Rijnkanaal. Aan het water ligt een groenstrook waarin drie schijfvormige hoge gebouwen staan. Deze vormen een ondeelbare reeks. De drie gebouwen markeren vrij verkavelde zones dwars op het water. De kade, de rand met bebouwing en de drie schijven vormen een nadrukkelijke architectonische eenheid. Een belangrijke compositorische kwaliteit van deze wijk is de vernuftige wisselwerking tussen de gestempelde massa van de woningen en de meer lyrische stukken, tussen droge repetitie en verbijzondering.

Enige jaren geleden is ter plaatse van de middelste schijf aan het water een nieuwe brug aangelegd, waarmee de Utrechtse binnenstad via Kanaleneiland wordt verbonden met een nieuw bedrijventerrein. De wijk Kanaleneiland komt dramatisch anders in de stad Utrecht te liggen. De wijk is ontworpen als stadsrand. Het kanaal onderstreept het harde, definitieve karakter daarvan. Door de ontwikkeling aan de overzijde van het kanaal ontwikkelt Kanaleneiland zich tot tussengebied. De Prins Clausbrug is ontworpen door het architectenbureau UN Studio en verschijnt, net als de Rotterdamse Erasmusbrug van dezelfde ontwerper, als stedelijk icoon. Ter plaatse van de aanlanding van deze brug, aan weerszijden van het Amsterdam-Rijnkanaal, is behoefte aan nieuwe woningen. Expliciet is aan de orde hoe deze woningen het bruggenhoofd naar de nieuwe stad over het kanaal kunnen vormen. Bestaande sportvelden en schoolcomplexen aan de zuidzijde van de weg worden hiervoor vrijgemaakt. Vier gestempelde bouwblokken aan de noordzijde worden gesloopt. Het plangebied valt hiermee in de twee bovengenoemde ordes: het noordelijke deel valt in de repeterende verkaveling, het zuidelijke juist in een zone met verbijzonderingen.

De ontwerpstudie benadrukt het belang om het verschil tussen het noordelijk en zuidelijk plandeel in stand te houden. Wanneer de noordelijke planhelft niet meer als voortzetting van het stempelpatroon kan worden gelezen, dreigt de regelmaat van het gehele zuidelijke deel van Kanaleneiland onder de kritische massa te belanden die nodig is om de verbijzonderingen nog als zodanig te ervaren. Omgekeerd zou een

Nieuwe brug

Hoge schijf aan het water

Oever

Laan

stempelverkaveling op de zuidelijke planhelft spotten met de monumentaliteit van de nieuwe brug van UN Studio. Het hoge schijfvormige gebouw heeft een werking op de schaal van de gehele oever van Kanaleneiland. Een besluit tot sloop of handhaving ervan is dus niet lokaal te nemen.

In de noordelijke planhelft is met een mix van conventionele laagbouwwoningen met tuin en appartementen een moderne versie van het stempel ontworpen. Dit stuk hecht zich sterk aan de bestaande stedebouwkundige structuur. De abstracte kwaliteiten van het stempel en de landschappelijke elementen van de lanen met volwassen bomen blijven intact. De rand van de stempels aan de Churchilllaan wordt voorzien van een stevige rug met appartementen. Deze staat los van de tuinwoningen, zodat in beide woningtypen een eigen woonmilieu kan ontstaan. Op de hoeken van de rug zijn hogere volumes met verschillende hoogtes opgenomen. Aan het water komt een getrapt appartementenblok te liggen. De nieuwe stempels zijn zodoende niet zuiver repeterend, maar passen zich aan de locatie aan. In de zuidelijke planhelft is hoogbouw voorgesteld. Het is van belang om de schijf aan het kanaal te handhaven. Acht nieuwe torens vormen samen met de bestaande schijf een ensemble. Deze negen gebouwen staan op een ringvormig basement waarin een parkeergarage ligt. Deze parkeerring omsluit een tuin. Deze heeft een licht bollend oppervlak. Beheersmatig hoort de tuin bij de torens. De tuin is overdag publiek toegankelijk en wordt 's nachts afgesloten. Op de ring is plaats voor een kleine buurtfaciliteit. De betekenis van de tuin is meerledig. Het is een woonkwaliteit voor de bewoners van de torens. Tegelijkertijd is het een openbare wijkvoorziening die intensief beheerd wordt. In die zin is het een model dat beantwoordt aan de huidige twijfel over de beheersmogelijkheden van de openbare ruimte in de naoorlogse stad. De hoogbouw loopt in dit voorstel vooruit op gedachten om langs de schijven aan het water clusters van hoge woongebouwen toe te staan.

In dit voorstel wordt onderkend dat beide planhelften totaal verschillende betekenissen hebben in de aanwezige stadsstructuur. Dit manifesteert zich in de verhouding met de te handhaven stedelijke relicten. In het noordelijk deel is vooral het bestaande netwerk van straten en lanen waardevol. In het zuidelijk deel is het de abstracte kwaliteit van vrij geplaatste hoge gebouwen die het voorstel stuurt. Via de parkeerring en buurttuin relateren de nieuwe gebouwen zeer direct aan de bestaande hoge schijf aan het water.

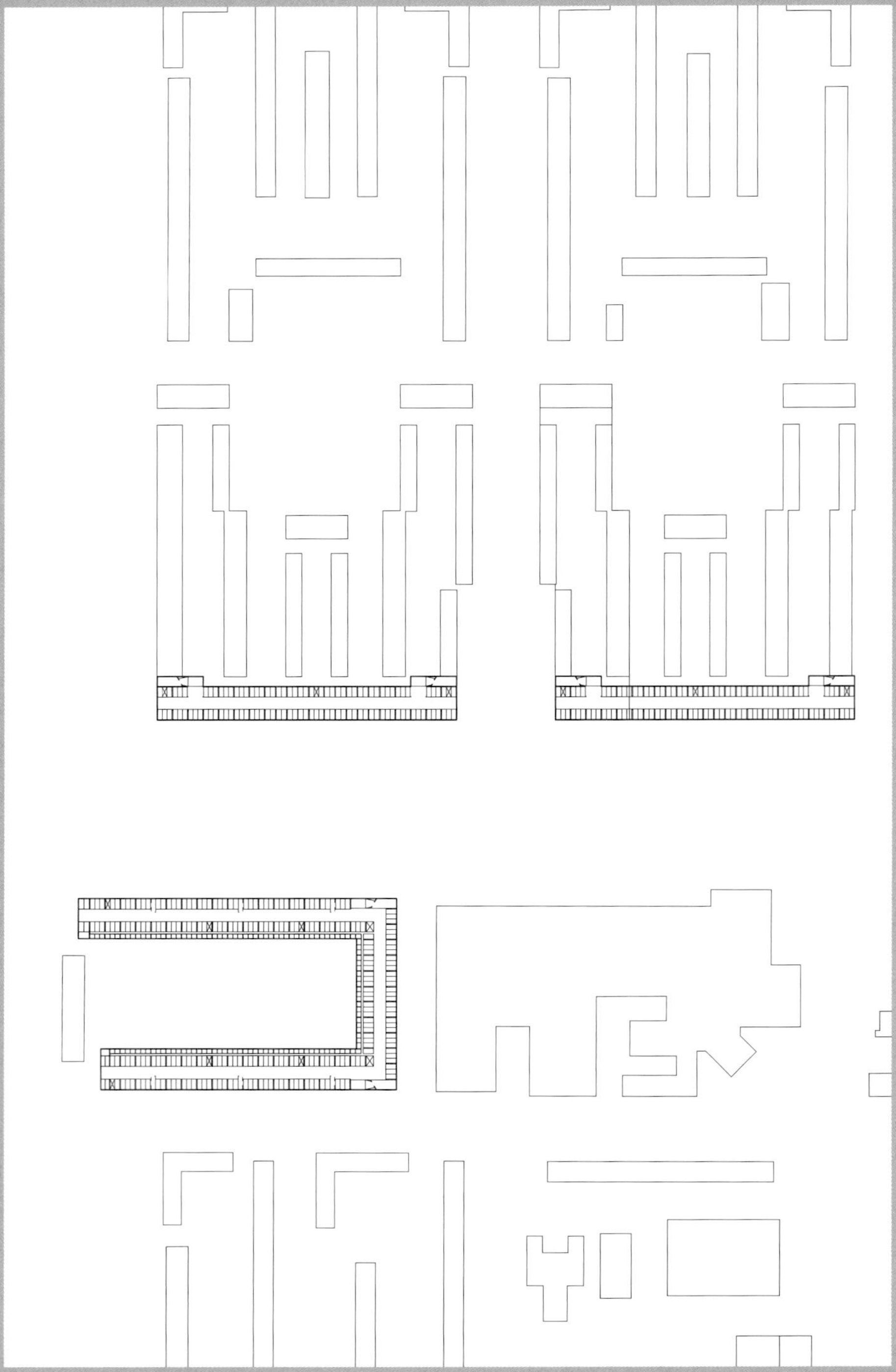

Plattegrond parkeergarage, laag -1,
schaal 1:3.750

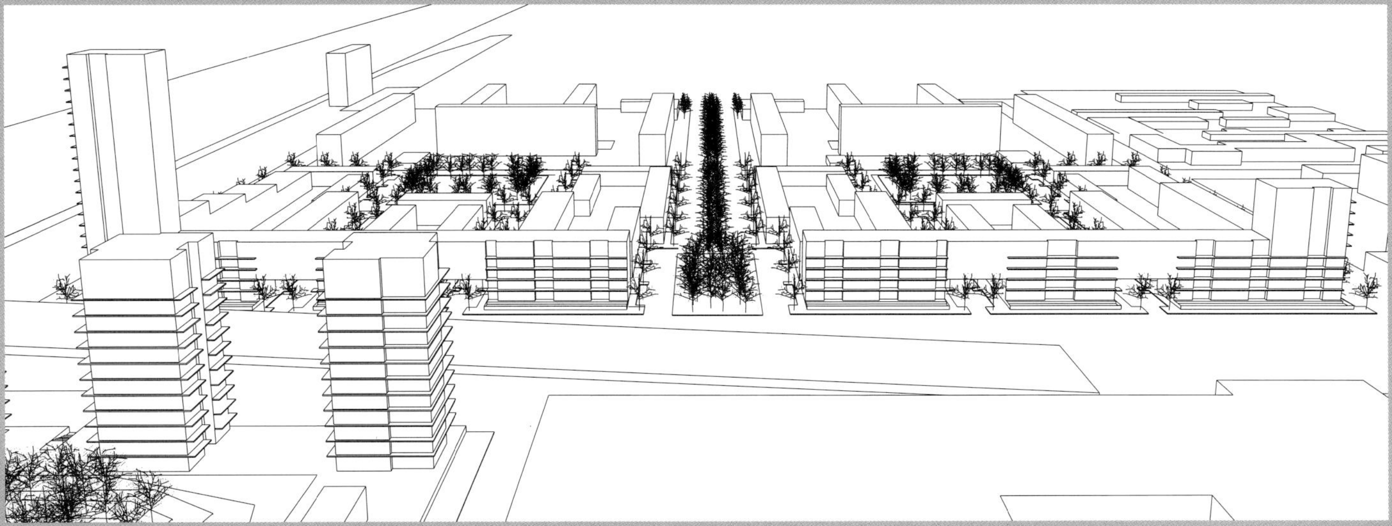

Zicht van zuidoost naar noordwest.
Noordelijke planhelft, conventionele
laagbouw en appartementen, lanen

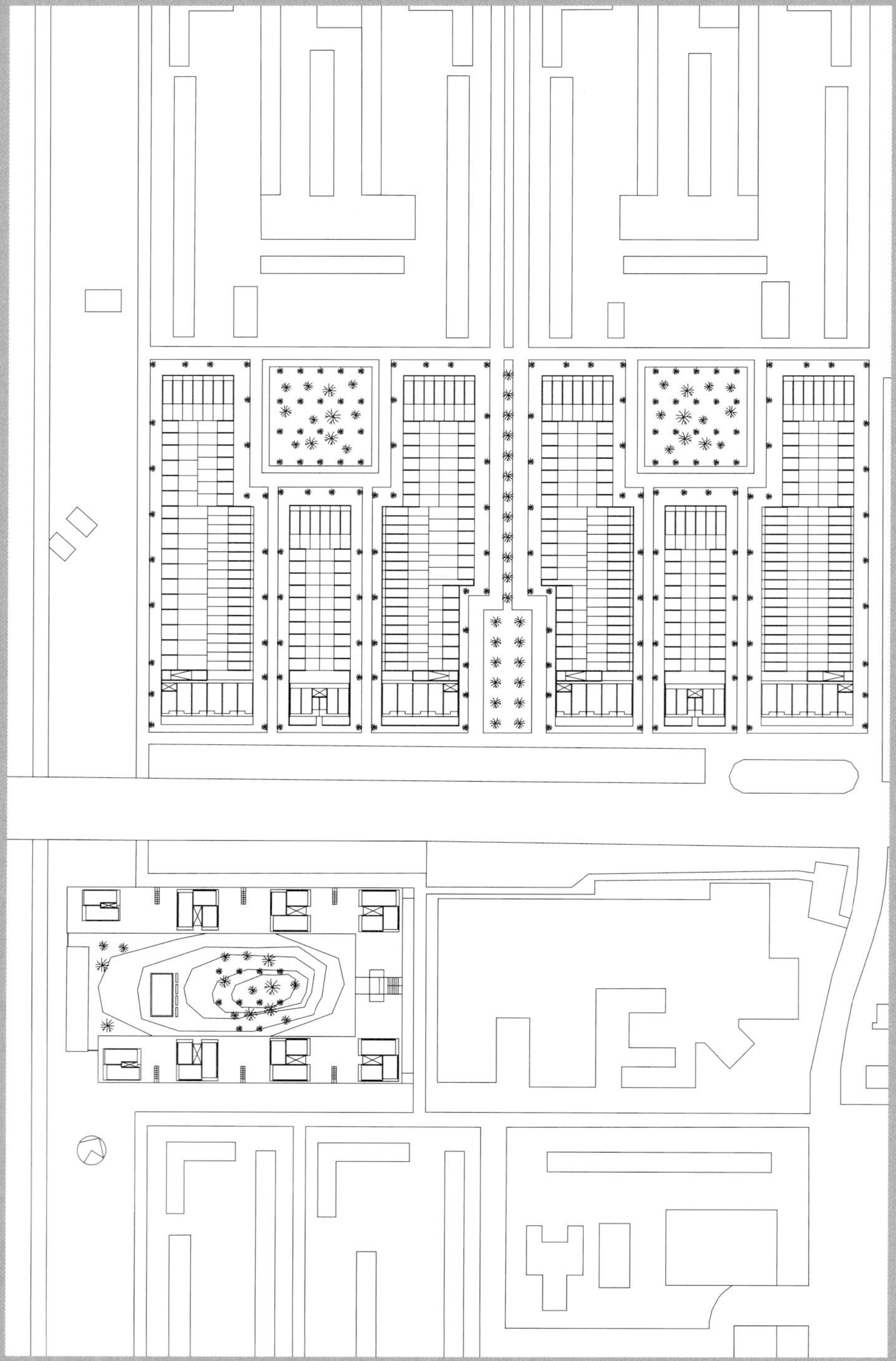

Plattegrond begane grond,
schaal 1:1:3.750

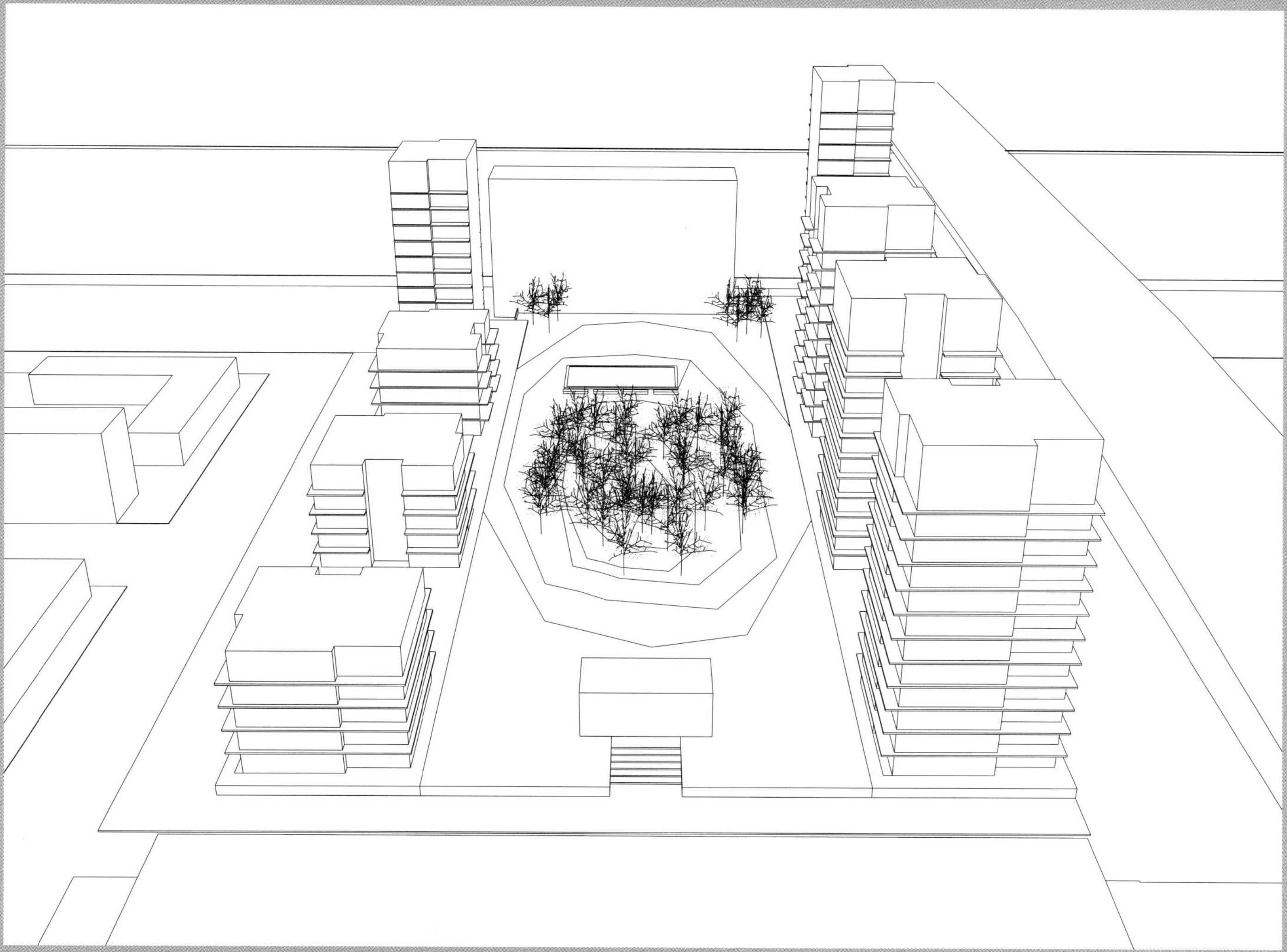

Zicht van zuidwest naar noordoost.
Zuidelijke planhelft, acht nieuwe torens
en bestaande schijf

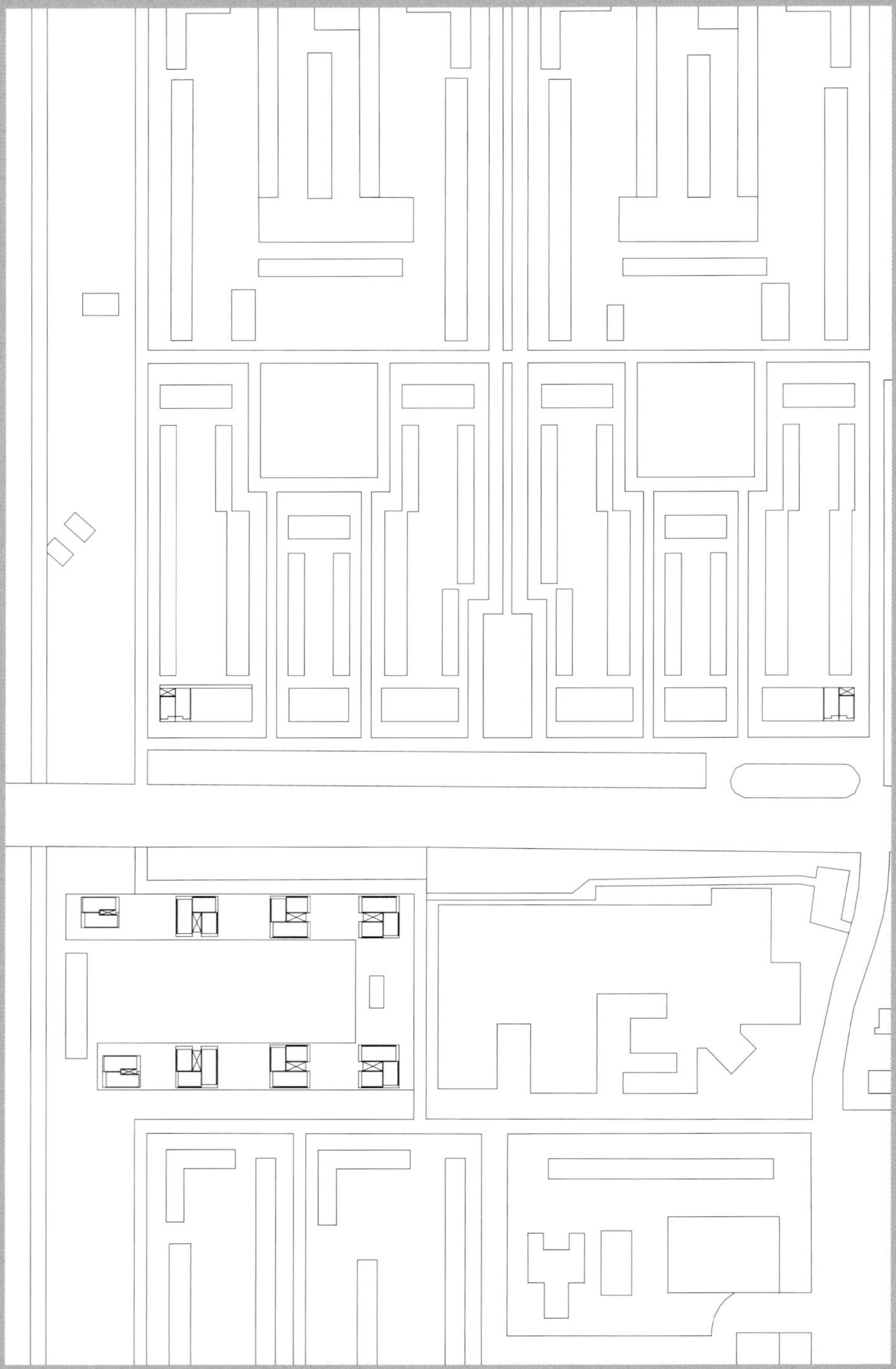

Plattegrond hoogbouw, schaal 1:3.750

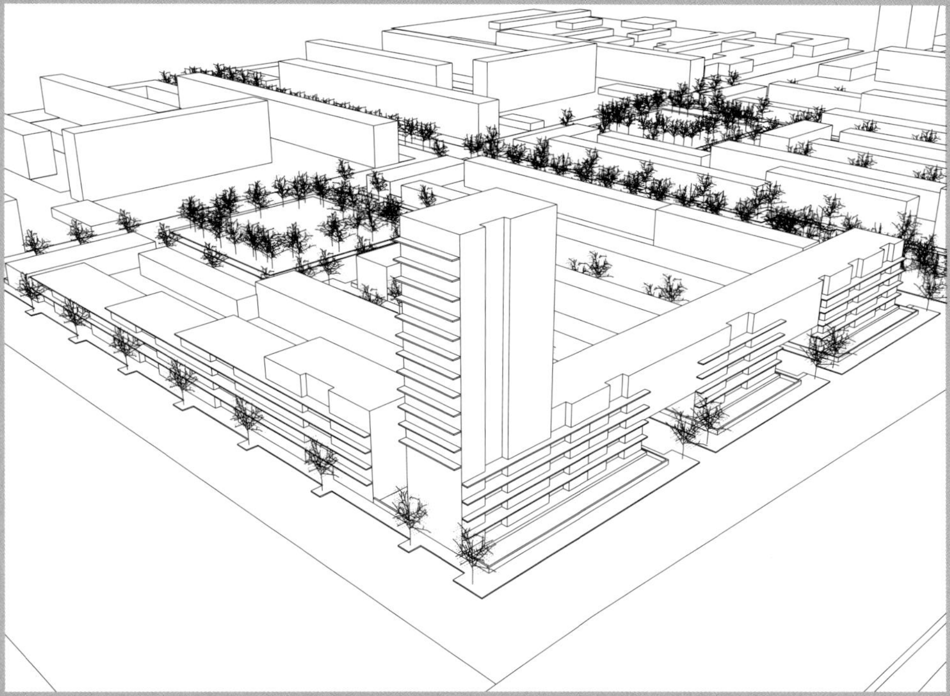

Zicht van zuid naar noord. Noordelijke planhelft, getrapt appartementengebouw en ruggebouw

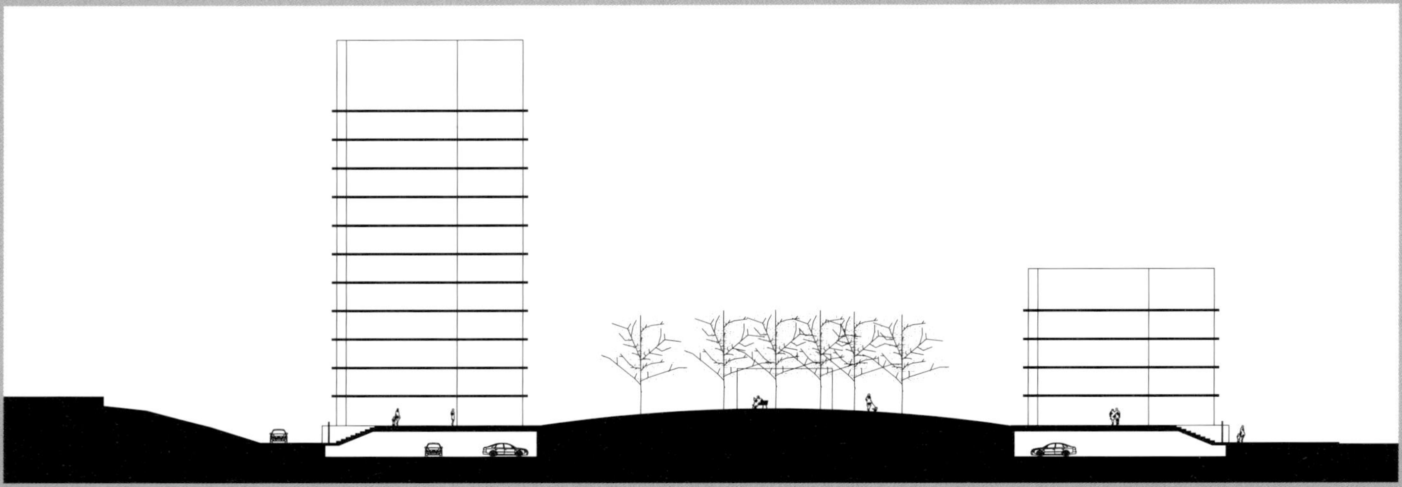

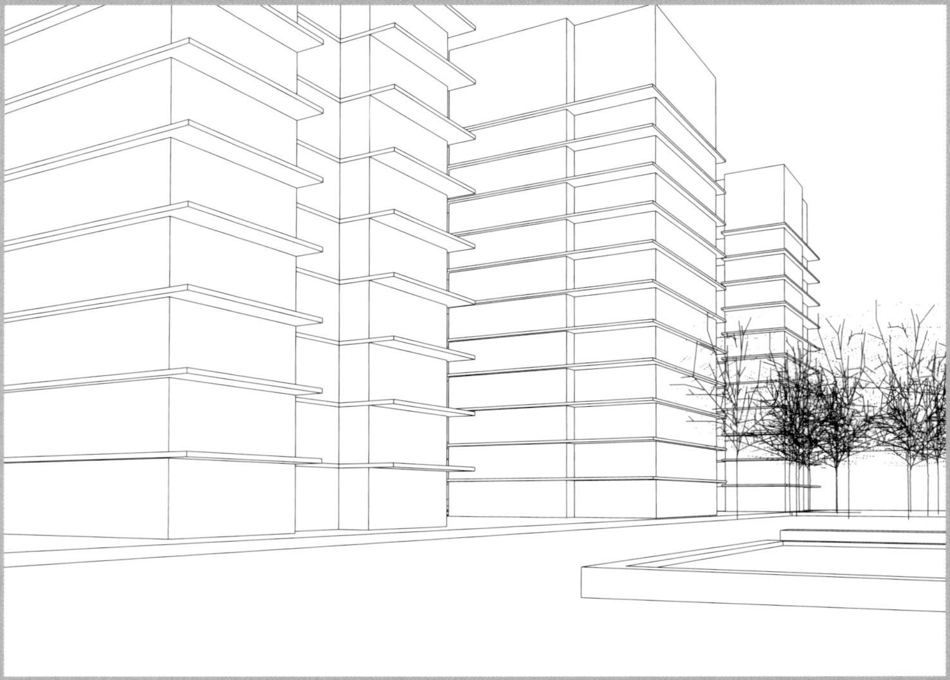

Zicht van zuidwest naar noordoost. Binnengebied torens, doorsnede schaal 1:1.650

Zicht van zuidwest naar noordoost. Zuidelijke planhelft, tuin omsloten door torens

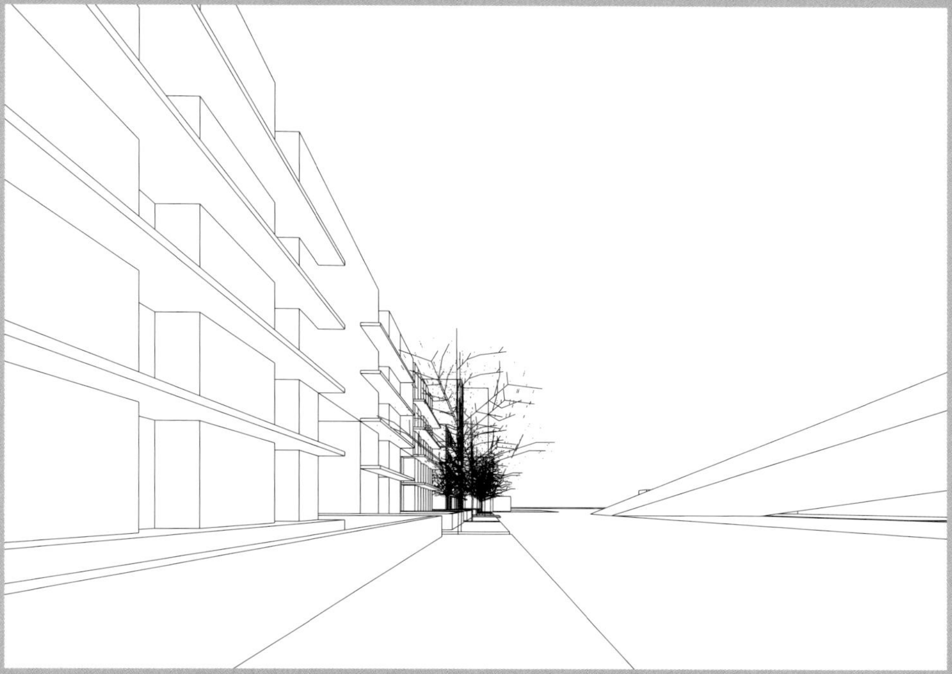

**Zicht van zuidwest naar noordoost.
Churchilllaan, stevige rug met
appartementen**

**Zicht van noordwest naar zuidoost.
Noordelijke planhelft, eigen woonmilieu
tuinwoningen**

INZET

Aanleiding

- verandering ligging Kanaleneiland in de stad

Job

- bruggenhoofd van stedelijke architectuur voorzien

Aggregatieniveau

- stadsdeel Utrecht rondom Amsterdam-Rijnkanaal

ONDERHANDELBAARHEID

Vast deel

- stempelstructuur en lanen in noordelijk deel
- vrije verkaveling en hechting aan bestaande schijf zuidelijk deel
- parkeergarage en buurttuin zuidelijk deel

Voorwaardelijk deel

- maat, positie en type gebouwen
- parkeeroplossing noordelijk deel

Week deel

- dichtheid verkaveling

RELICTEN

Fysieke restanten

- lanen (stedebouwkundig, landschappelijk motief)
- schijf aan water (monumentaal motief)

Conceptuele restanten

- stempelstructuur (architectonisch motief)
- continue groenstructuur (monumentaal, stedebouwkundig motief)

Verdwenen relicten

- gebouwen m.u.v. schijf (programmatisch, technisch, architectonisch motief)
- compositorische uitwerking stempels (stedebouwkundig, programmatisch motief)

EXTERNE CONDITIES

Financiering

- versnipperd eigendom onroerend goed
- collectieve investering van gemeente, woningcorporaties en projectontwikkelaars

Besluitvorming

- grond en opstallen niet in één hand
- hoge mate politieke aandacht
- overheid, markt en corporaties delen beslissingsrecht

Programmatische kleuring

- programma uiteengelegd in goedkope en duurdere categorieën
- scheiding in hoogbouw als comfortabele appartementen met uitzicht en laagbouw als conventionele, betaalbare woningen

Overvecht

Utrecht

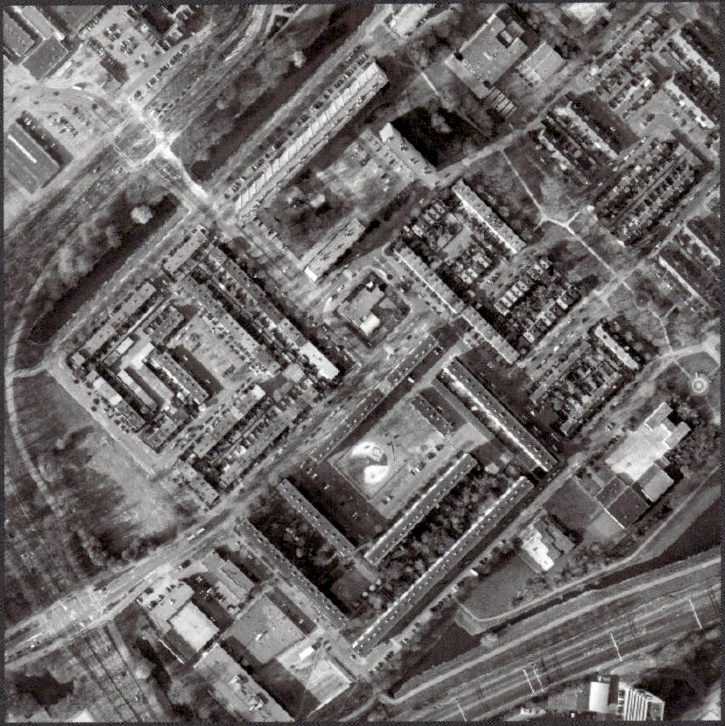

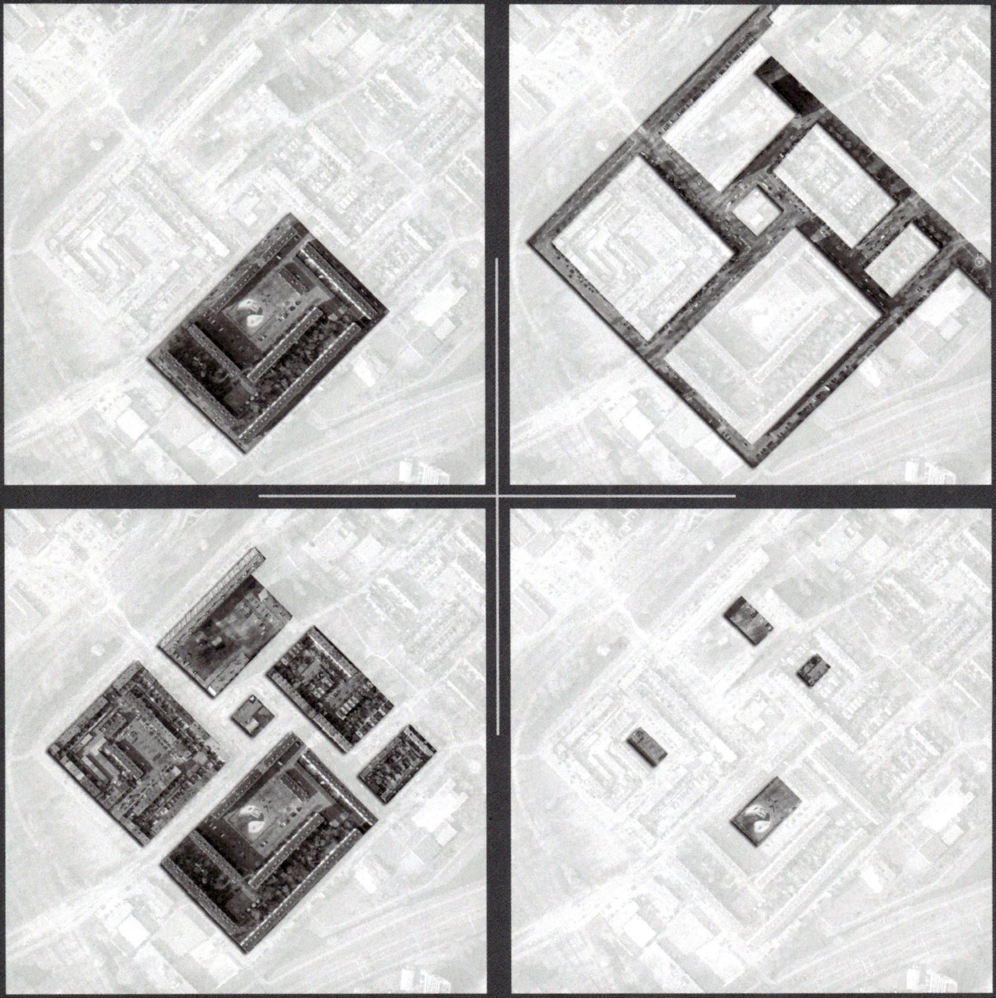

Ensemble Overvecht, Utrecht | Relict: omliggende lanen

Relict: wooneenheden | Relict: wooneenheden om kern

5.2 Overvecht, de onderhandelbaarheid van de wooneenheid

Overvecht is een product van de wijkgedachte met composities op basis van een getrapte reeks: wijk, buurt, wooneenheid, bouwblok, woning. Er zijn globale overeenkomsten in de stedebouwkundige opbouw van de verschillende wooneenheden, buurten en wijken. Deze zijn steeds rondom een collectieve ruimte georganiseerd. Elke buurt is rondom een plein ontworpen. De wooneenheden liggen daar aan. Elke wooneenheid heeft op vergelijkbare wijze weer een kleiner pleintje. De wooneenheden hebben een sterke interne uniformiteit wat betreft typologie en bouwhoogte. Meestal is ook de architectonische uitwerking van de blokken uniform. De wooneenheden die samen een buurt vormen zijn echter extern zeer verschillend. De verschillen tussen de wooneenheden en de interne homogeniteit van elke wooneenheid zijn specifieke eigenschappen van Overvecht. Het onderscheidt Overvecht van 'streng' gestempelde wijken als Pendrecht of Ommoord.

De afwisseling in de verkavelingen wordt in Overvecht gedragen door een subtiel netwerk van buurtstraten en pleinen enerzijds en doorgaande avenues op wijkniveau anderzijds. De architectuur van het landschappelijke raamwerk is geprononceerd: in de wijk liggen lange singels en parken, in de buurten liggen lanen met volwassen groen, de pleintjes binnen de buurten en de wooneenheden vormen belangrijke open ruimten in de navigatie door de buurten. Deze landschapsarchitectonische elementen zijn bruikbaar als dragers van de gebiedsvernieuwing op termijn. De architectuur van de velden met woningen en bijbehorend openbaar groen is daarentegen week: eigenlijk is het vooral de afwisseling en de 'stijlloosheid' die de architectuur in Overvecht specificeert. In architectonisch opzicht verdraagt het stedebouwkundig raamwerk de afwisseling.

Deze ontwerpstudie beantwoordt het voornemen om een wooneenheid aan de zuidpunt van Overvecht te vervangen. De grond en opstallen zijn in handen van één corporatie. Hierbij wordt een wooneenheid met trapportiekflats volledig gesloopt. Het aggregatieniveau van dit besluit is de samenstelling van de portfolio van de verhuurder, die voor een groot deel uit trapportiekwoningen bestaat. Hieruit wordt een behoefte aan meer differentiatie afgeleid. De herontwikkeling is dus niet lokaal en fysiek verankerd, maar is ingegeven door het vastgoedmanagement van de corporatie. Het initiatief ligt bij deze organisatie, die dankzij de vastgoedpositie en financiële draagkracht aanzienlijke beslisrechten heeft.

De wooneenheid ligt aan twee zijden aan de rand van Overvecht. Door de vrije ligging en de uitzichtmogelijkheden over een parkachtige strook langs een spoorweg

Kern middelhoogbouw eenheid

Kern laagbouw eenheid

Laan

Te slopen trapportiekflat

bestaan relatief grote commerciële potenties. Het lijkt bij de nieuwe ontwikkeling vooral zaak om de architectonische homogeniteit binnen de wooneenheid in stand te houden. De vraag daarbij is tot hoever dit moet gaan. Het ontwerpvoorstel verkent de mogelijkheden van een gedifferentieerd programma met een reeks van verschillende bouwvormen.

De nieuwe wooneenheid is autovrij. De omliggende lanen blijven intact. In afwijking van wat in Overvecht gebruikelijk is, is gewerkt met gesloten bouwblokken. Deze zijn vrij rondom een centraal pleintje geplaatst. De positie, maat en typologie van de gebouwen beantwoorden daarnaast aan diverse topografische condities aan de randen van de wooneenheid. Zo veroorzaakt het buurtplein een hogere opbouw in het bouwblok, loopt een buurtstraat in het oosten als voetgangersstraat door in het plan en staan aan de zuidelijke punt twee hoge woontorens.

In het ontwerp zijn de mogelijkheden van conventionele woningtypen benut. Op maaiveld zijn zoveel mogelijk grondgebonden woningen gebruikt. Het fenomeen van de privévoortuin met zijn bewonersuitingen wordt als onlosmakelijk onderdeel van de straatruimte geaccepteerd. Zonder twijfel zal dit de nieuwe wooneenheid op een informele manier kleuren, zoals bij de bestaande laagbouweenheden in Overvecht vanouds zichtbaar is. De voortuinen zijn hier overwegend groen ingericht en voorzien van een uitbundige mix van representatieve attributen, variërend van tuinkabouter tot designmeubilair. Alle gebouwen hebben ter hoogte van de tweede verdiepingsvloer een stevige kroonlijst. Hierboven zijn per gebouw verschillen gemaakt. Er zijn gebouwen met zolders, galerijflats en appartementen rondom een lifthal. Het ensemble heeft geen dwingend vormconcept. De verhoudingen tussen de verschillende woningtypen en het totaal aantal woningen kunnen binnen het voorgestelde ruimtelijke concept anders worden uitgewerkt.

Onder het pleintje en de woontorens liggen twee parkeergarages. De overige benodigde parkeerplaatsen kunnen op maaiveld worden gerealiseerd.

Het ontwerp demonstreert dat in Overvecht de wooneenheden in programmatisch en typologisch opzicht niet uniform hoeven te zijn. Wel is het productief om het principe van een kern met een vrije verkaveling opnieuw te gebruiken en te streven naar een uniform beeld (bijvoorbeeld een sterke verwantschap van de gebouwen). Het ontwerp laat zien dat een open verkaveling hierbij niet een gegeven hoeft te zijn. De gesloten blokken en de persoonlijke inrichting van de voortuinen zorgen voor een continuering van de tuinstadgedachte die in Overvecht nog steeds actueel is.

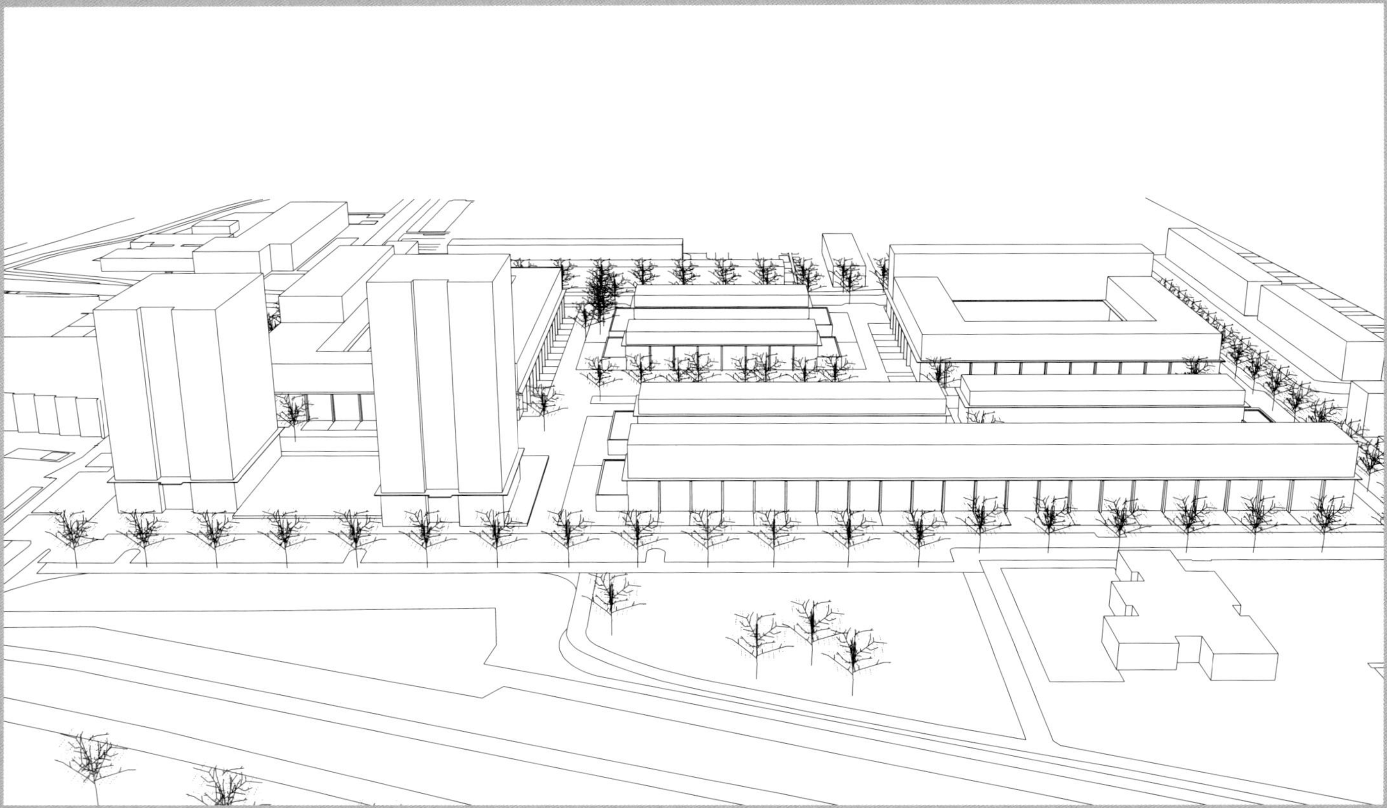

Zicht van zuidoost naar noordwest

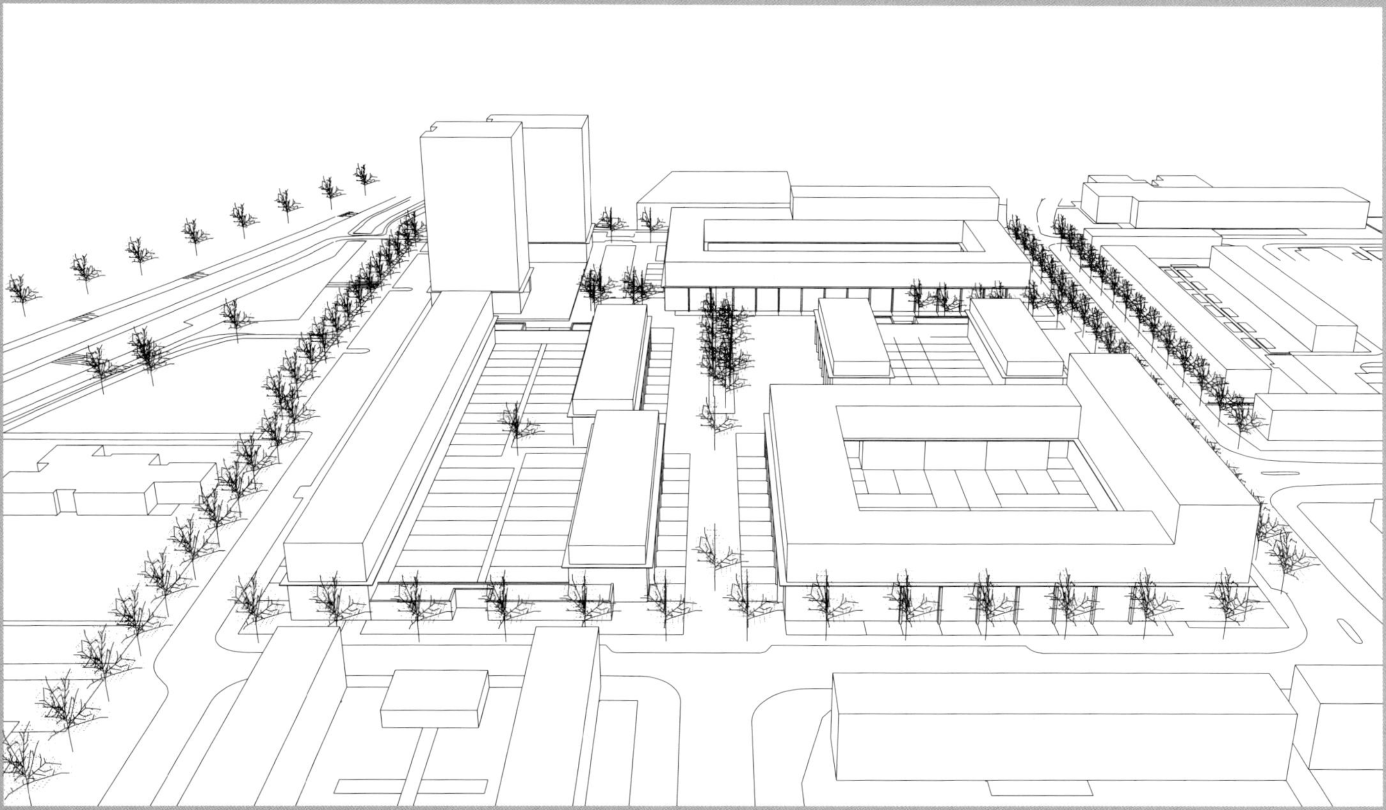

Zicht van noordoost naar zuidwest. Wijk, buurt, wooneenheid, bouwblok, woning

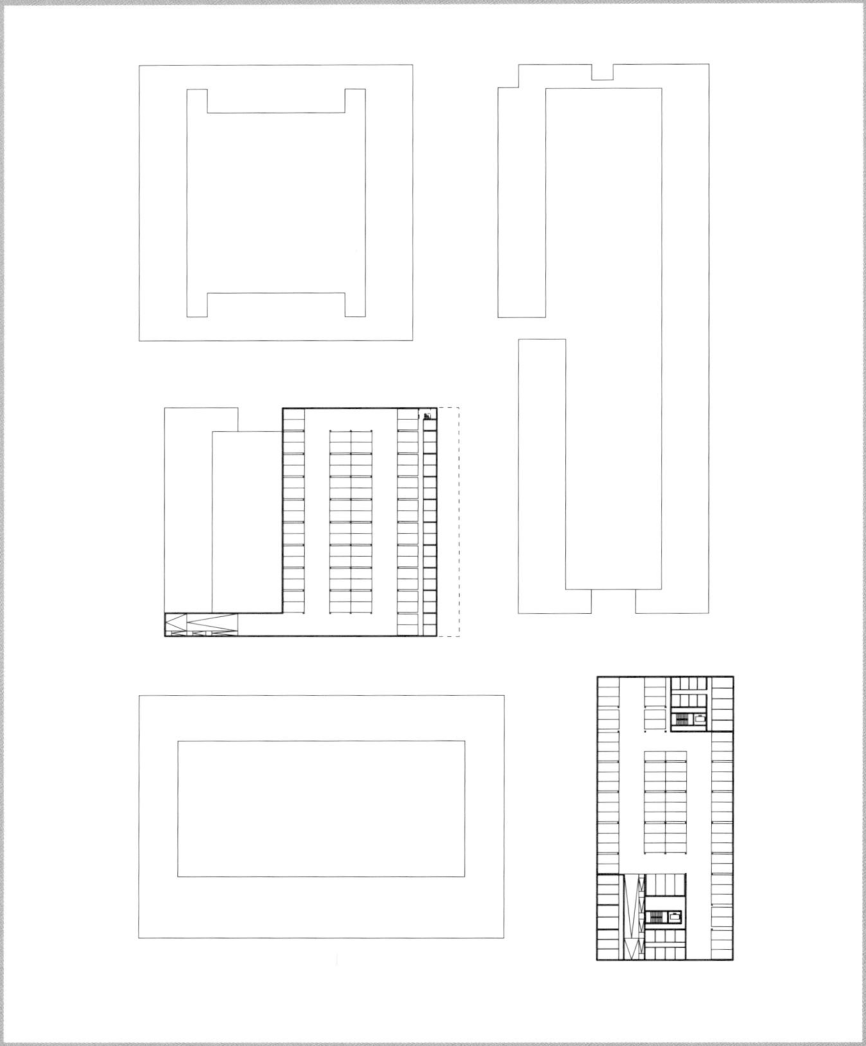

Plattegrond parkeergarage, laag -1,
schaal 1:1.850

Zicht van noordoost naar zuidwest.
Stevige kroonlijst ter hoogte van de
tweede verdiepingsvloer

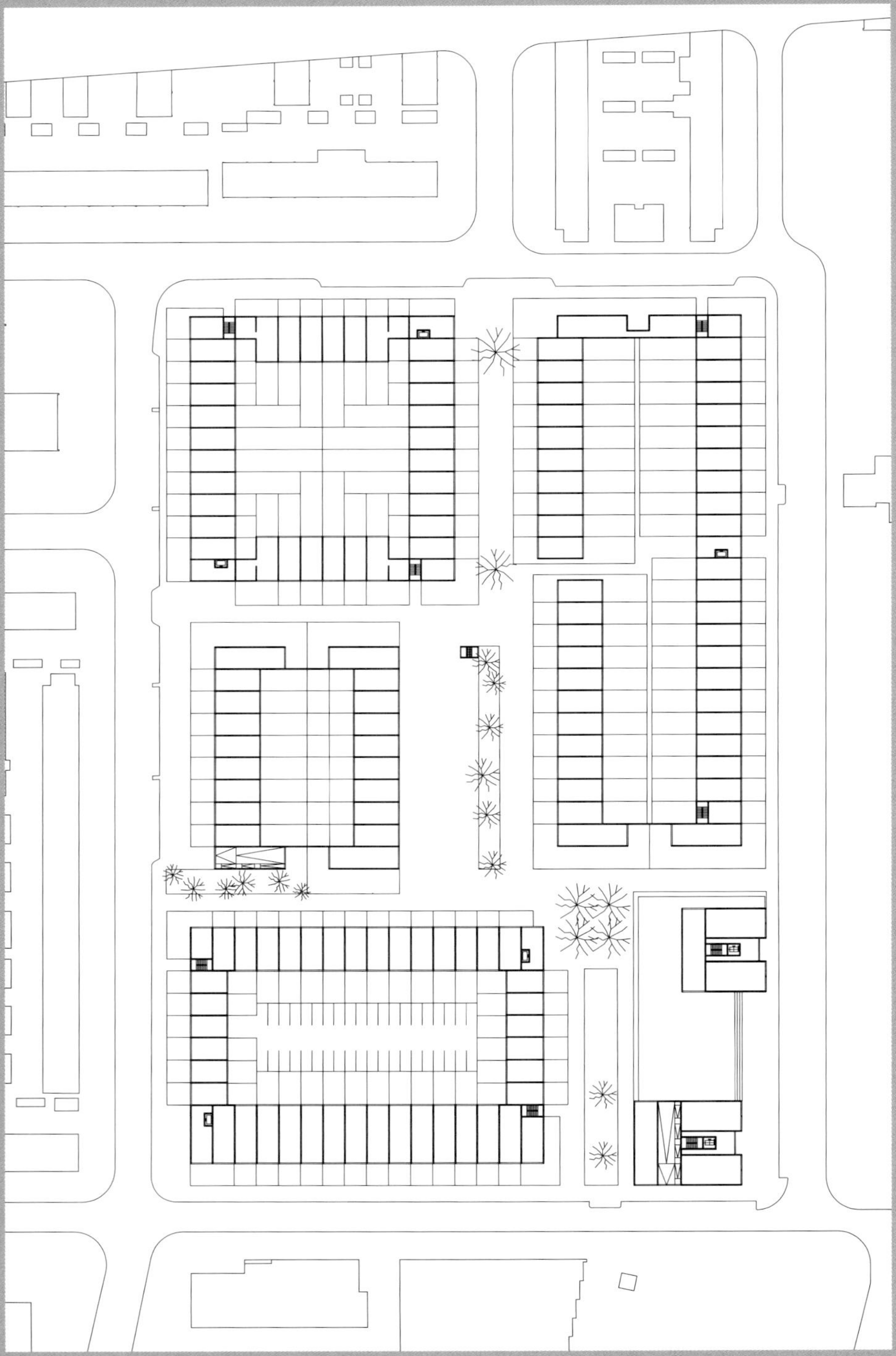

Plattegrond begane grond,
schaal 1:1.850

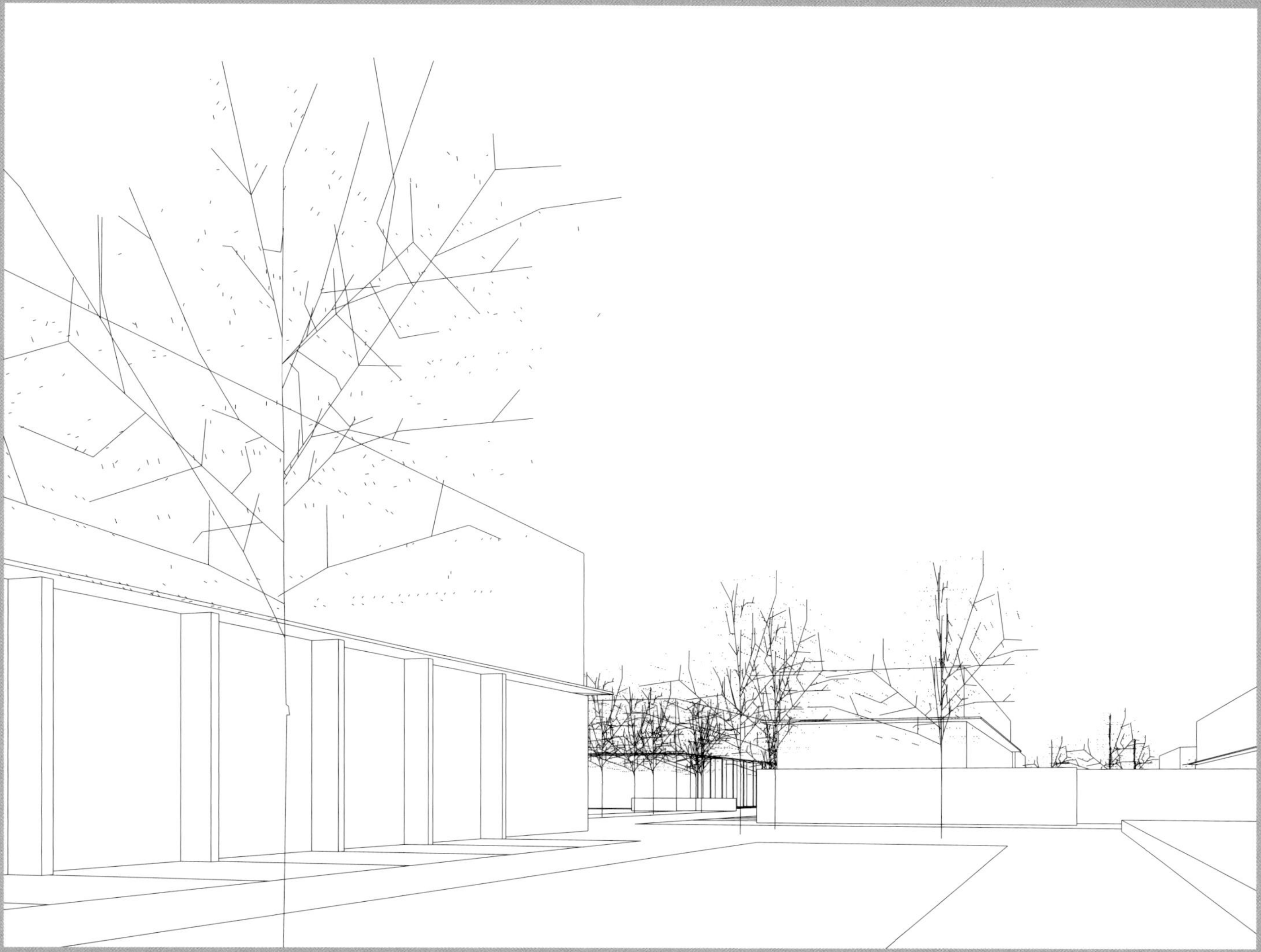

Zicht van zuidwest naar noordoost

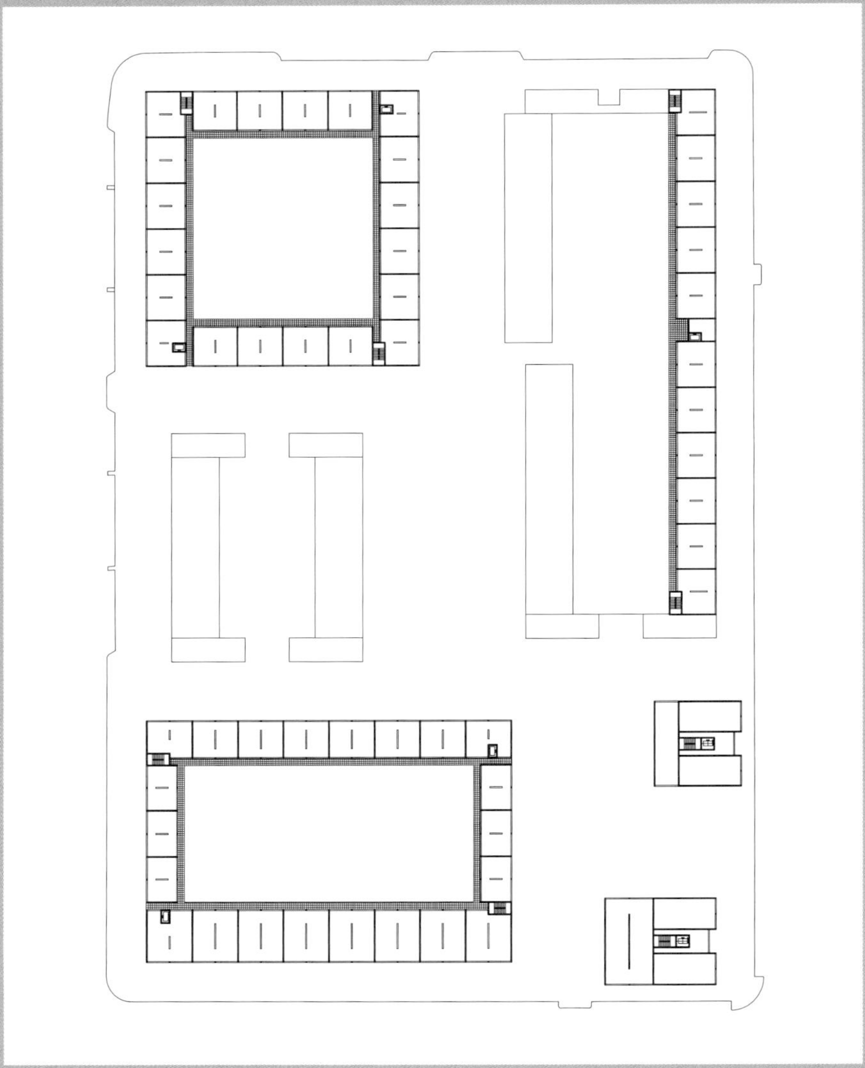

Plattegrond tweede verdieping,
schaal 1:1.850

Zicht van noord naar zuid. Binnengebied

Doorsnede, schaal 1:1.500

Zicht van noordwest naar zuidoost.

Grondgebonden woningen

INZET

Aanleiding

- programmatische veroudering woningen

Job

- aanbieden van modern, gedifferentieerd woonprogramma

Aggregatieniveau

- portfolio verhuurder

ONDERHANDELBAARHEID

Vast deel

- voortuin als structurerend groen
- openbaar plein in kern
- aanduiding rooilijn wooneenheid
- architectonische uniformiteit binnen wooneenheid
- kroonlijst als ornament

Voorwaardelijk deel

- maat, positie en type gebouwen
- autovrije openbare ruimte binnen wooneenheid

Week deel

- parkeergarage

RELICTEN

Fysieke restanten

- lanen (stedebouwkundig, landschappelijk motief)

Conceptuele restanten

- architectonische uniformiteit (stedebouwkundig motief)
- compositie wooneenheid rondom openbare kern (maatschappelijk, stedebouwkundig motief)
- tuinstad (cultureel motief)

Verdwenen relicten

- trapportiek gebouwen (programmatisch, technisch, architectonisch motief)
- originele compositorische uitwerking stempels (stedebouwkundig motief)

EXTERNE CONDITIES

Financiering

- opbrengsten duurdere woningen financieren tekorten sociale segment

Besluitvorming

- grond en opstallen niet in één hand
- exclusief beslissingsrecht corporatie

Programmatische kleuring

- programma gedifferentieerd in goedkope en duurdere categorieën
- nadruk op woningtypen op de begane grond en tuinen

Kralingen
Rotterdam

Vlinderbuurt,
Kralingen,
Rotterdam,
buurt

Vlinderbuurt,
Kralingen,
Rotterdam,
wijk

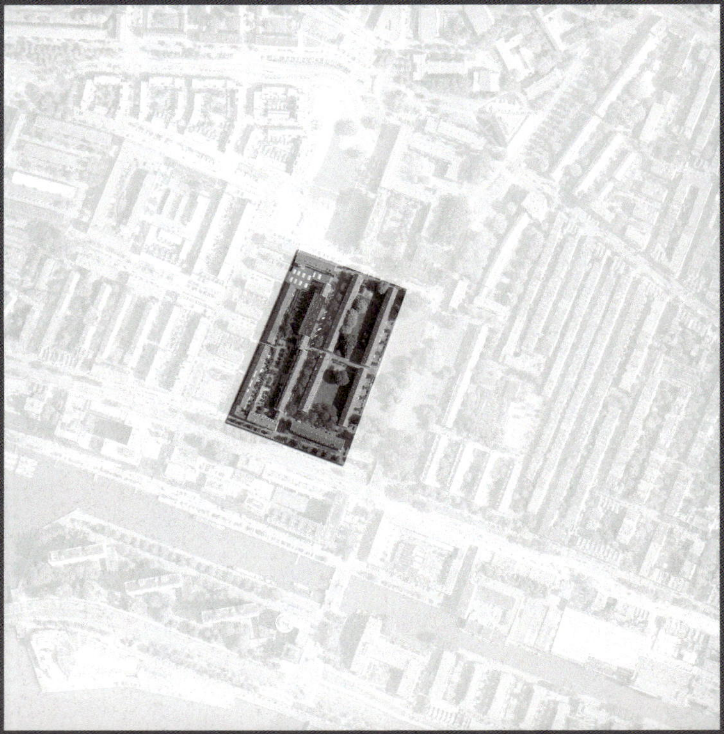

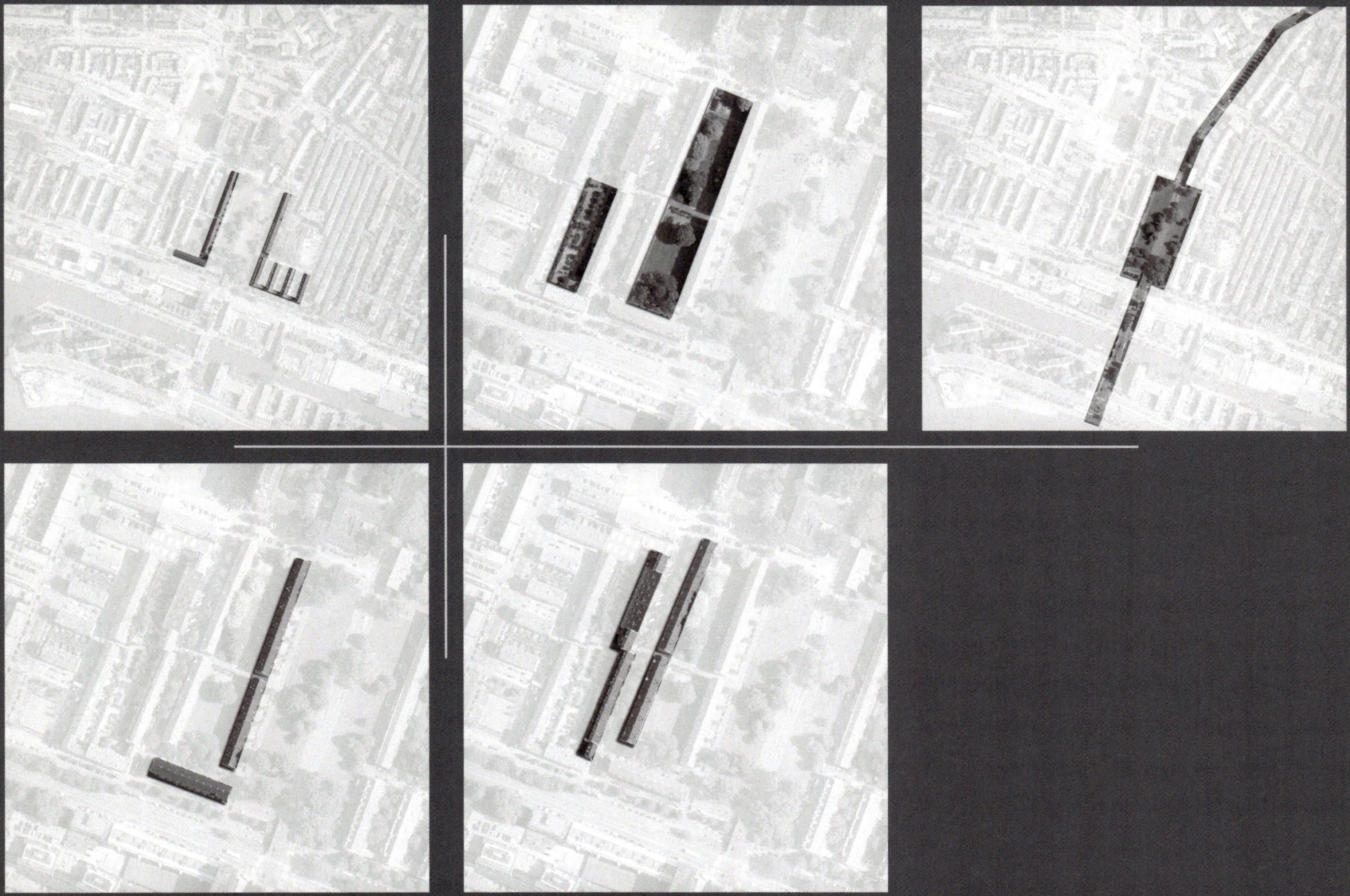

Relict: Willem Ruyslaan herstellen als symmetrische stedelijke avenue

Relict: openbare binnengebieden

Relict: Willem Ruyslaan, symmetrische stedelijke avenue

Te renoveren bebouwing

Te slopen bebouwing

5.3 Kralingen, relicten van baksteen

Aan weerszijden van de Kralingse Willem Ruyslaan in Rotterdam ligt een omvangrijk naoorlogs woongebied dat om tal van redenen opvalt. De woningen zijn in een verfijnde baksteenarchitectuur opgetrokken. Het zijn grotendeels trapportiekwoningen met drie verdiepingen en een kap. De gevels zijn geornamenteerd. De daken hebben een zadeldak met pannen. Het is een precieze stedelijke architectuur met sterke kenmerken van de Delftse School. De Willem Ruyslaan is een brede, stedelijke avenue, die van de Oudedijk in het hart van Kralingen naar de Maas loopt. Het complex ten oosten van de Willem Ruyslaan is onlangs opgeknapt. De baksteenarchitectuur is hersteld en benut om het complex als hoogwaardige en comfortabele woningen in de markt te positioneren.

Het complex ten westen van de Willem Ruyslaan bestaat uit een flatgebouw van zes lagen aan de kruising van de Speelmanstraat met de Oostzeedijk Beneden. Daarachter liggen zes stroken portieketageflats. Alle gebouwen zijn in de stadsvernieuwing van de jaren tachtig en negentig gerenoveerd. De portieketageflats zijn bekleed met kunststofplaten, die sterk vervuild en beschadigd zijn. De oorspronkelijke Delftse School architectuur is onherkenbaar. De kansen voor langdurige exploitatie van met name de trapportiekwoningen in het complex worden niet hoog geacht. Het uiterlijk speelt daarin een bijrol. De beperkte woninggrootte, het lage uitrustingsniveau en het ontsluitingsprincipe zijn doorslaggevend. Op stedebouwkundig niveau speelt in toenemende mate het parkeerprobleem een belangrijke rol.

In het voorstel voor de Vlinderbuurt in Kralingen is per blok het ontwikkelingsperspectief bepaald op grond van zijn stedebouwkundige functie. De aanpak van het complex is hierdoor gedifferentieerd. Het flatgebouw blijft als stedebouwkundig teken aan het kruispunt gehandhaafd. Slechts minimale inspanningen zijn nodig om dit gebouw te laten renderen. De pastelkleurige nieuwe entree en de liftschacht blijven gehandhaafd als sporen van de naïeve stadsvernieuwingsarchitectuur van het eind van de vorige eeuw. De twee stroken aan de Speelmanstraat worden hersteld als baksteenarchitectuur. De baksteengevels zijn zwaar beschadigd door de bevestiging van de nieuwe gevelbekleding. Voorgesteld wordt om de gevels opnieuw op te metselen. De voormalige ornamentiek en decoratie worden gereflecteerd door nieuwe vormen van ornamentiek en decoratie. Deze worden in eigentijdse materialen, zoals architectonisch beton, uitgevoerd. Het trapportiek wordt omgewerkt tot een typologie met grondgebonden woningen. De nieuwe voordeuren worden in de nieuwe ornamentiek en decoratie ingepast. Cruciaal is dat deze twee rijen woningen de

Oorsponkelijke gevel

Gerenoveerde gevel, 1980-1990

Hoek Oostzeedijk-Willem Ruyslaan

Kamgebouw

Willem Ruyslaan herstellen als een symmetrische stedelijke avenue. De commerciële potentie van deze stadsruimte levert de financiële ruimte voor de hoogwaardige articulatie van de gevels.

De vier overige blokken liggen in het hart van de Vlinderbuurt, dat vanuit de doorgaande wegen niet zichtbaar is. Dit woongebied moet het hebben van de dagelijkse woonkwaliteit. Ten oosten van de Dijkstraat worden twee woonblokken afgebroken om plaats te maken voor een lang, gesegmenteerd blok. Hieronder komt een grote parkeergarage te liggen. De stijgpunten van de woningen en parkeergarage volgen de portiekopzet van het blok aan de Speelmanstraat. Hierdoor is de garage zeer direct gekoppeld aan het circulatienetwerk van het bestaande blok. De stijgpunten liggen in brede doorsteken in het blok. Hierdoor is het royale, groene binnenterrein zichtbaar vanaf de straat en bruikbaar voor alle omwonenden. De twee andere blokken aan de Dijkstraat worden eveneens afgebroken. Deze staan in een veel krapper bouwblok. Via de doorsteken profiteren deze woningen van het tegenovergelegen groene binnenterrein. Ook hier is naar een zo direct mogelijke relatie tussen de ontsluiting van de nieuwe woningen en de parkeergarage gezocht. Vier stadsvilla's vervangen de te slopen blokken. Tussen de stadsvilla's is ruimte voor nieuw stedelijk groen.

In deze studie levert de aanwezige architectuur een bijdrage aan de historische continuïteit van het stadsbeeld met de doorgaande wegen. Het is een vorm van restauratie die eerder architectonisch dan historiserend of conserverend is. Het wonen in het hart van de buurt wordt met nieuwe gebouwen opnieuw gedefinieerd. Hier is ruimte voor nieuwe interpretaties van het groen in de wijk en moderne programmatische fenomenen, zoals een parkeerkelder. Er is geen stilistisch verband tussen oud en nieuw gezocht. Wel delen de oude en nieuwe blokken een sterk geometrisch systeem dat de ontsluitingen ordent.

Voor- en achtergevel Speelmanstraat

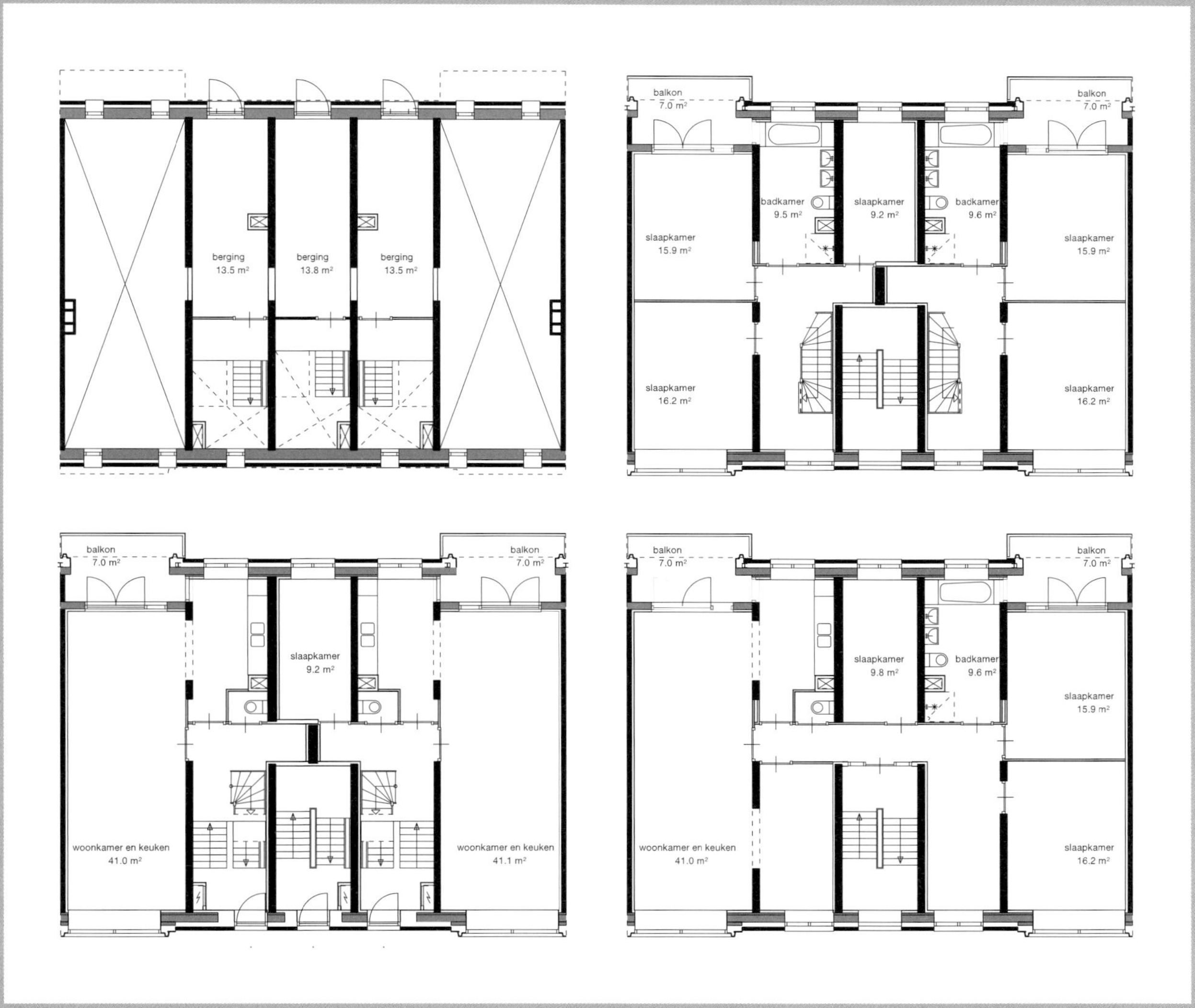

Renovatie en verbouw standaardportiek

Speelmanstraat

Souterrain - laag 2

laag 1 - laag 3

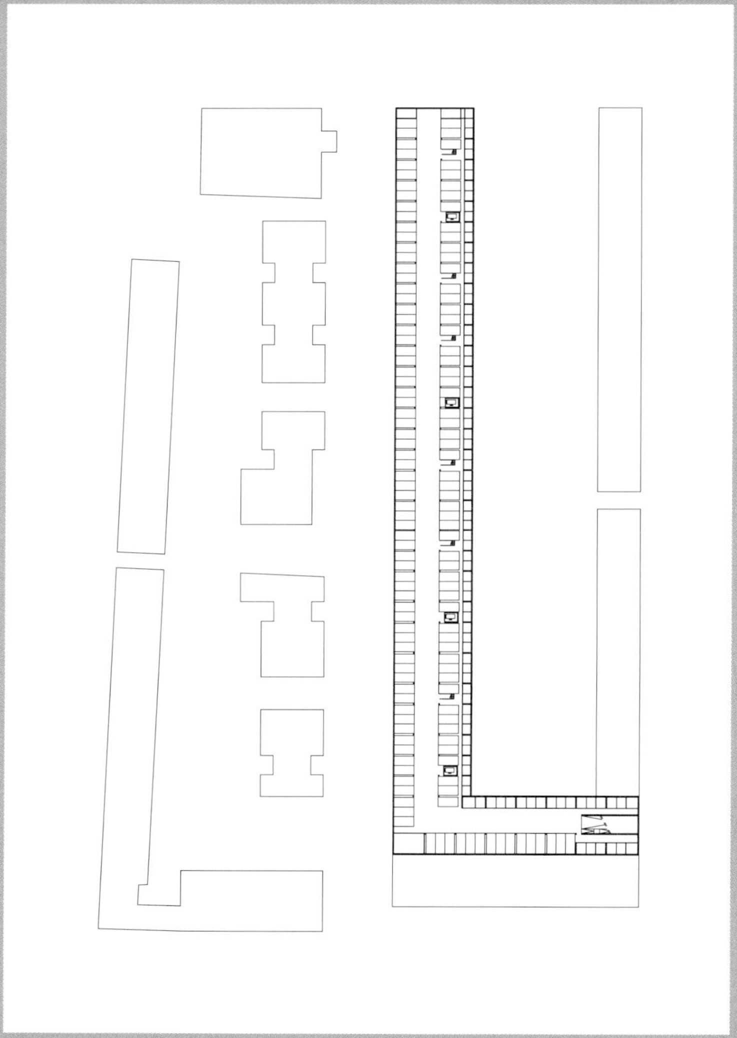

Plattegrond parkeergarage, laag -1,
schaal 1:1.850

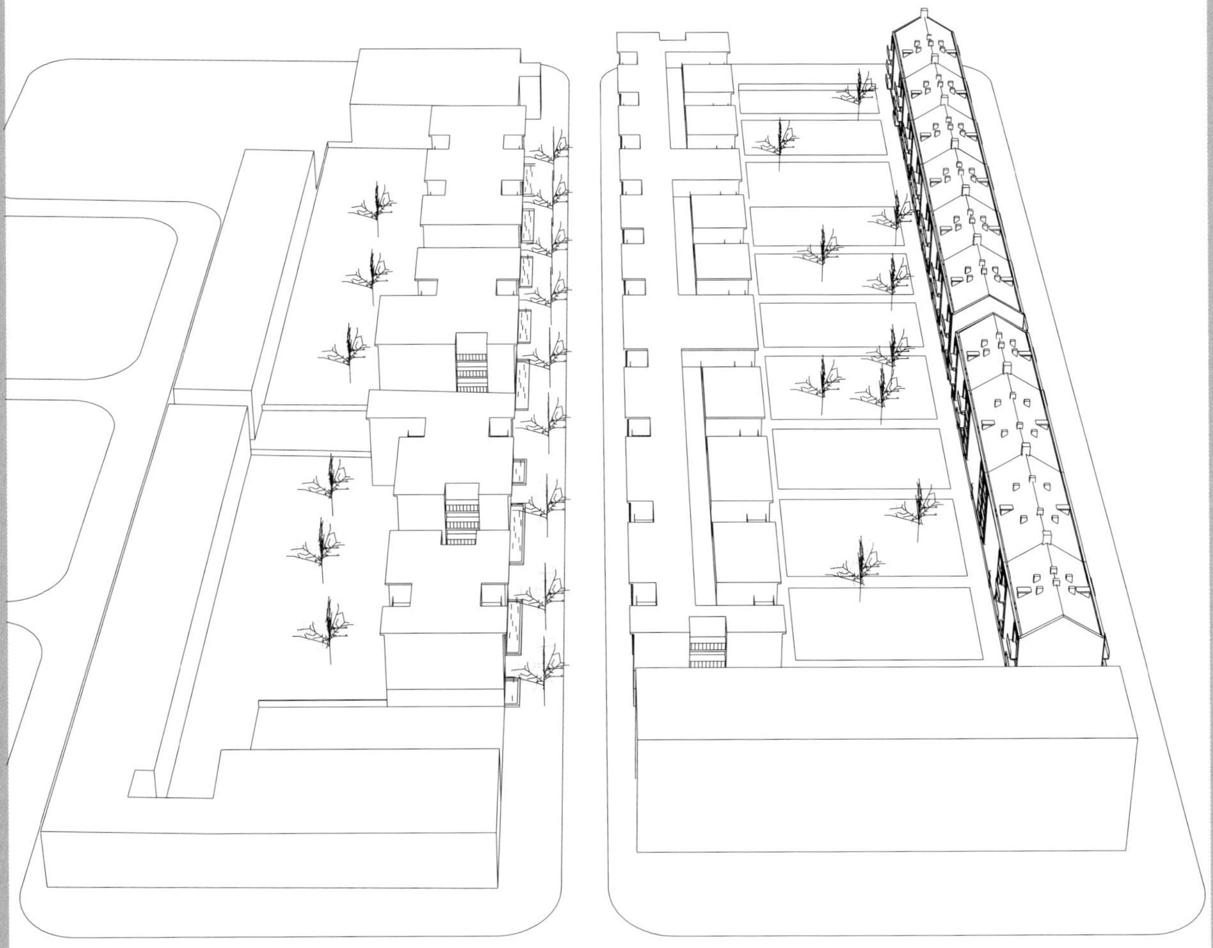

Zicht van zuid naar noord. Dijkstraat

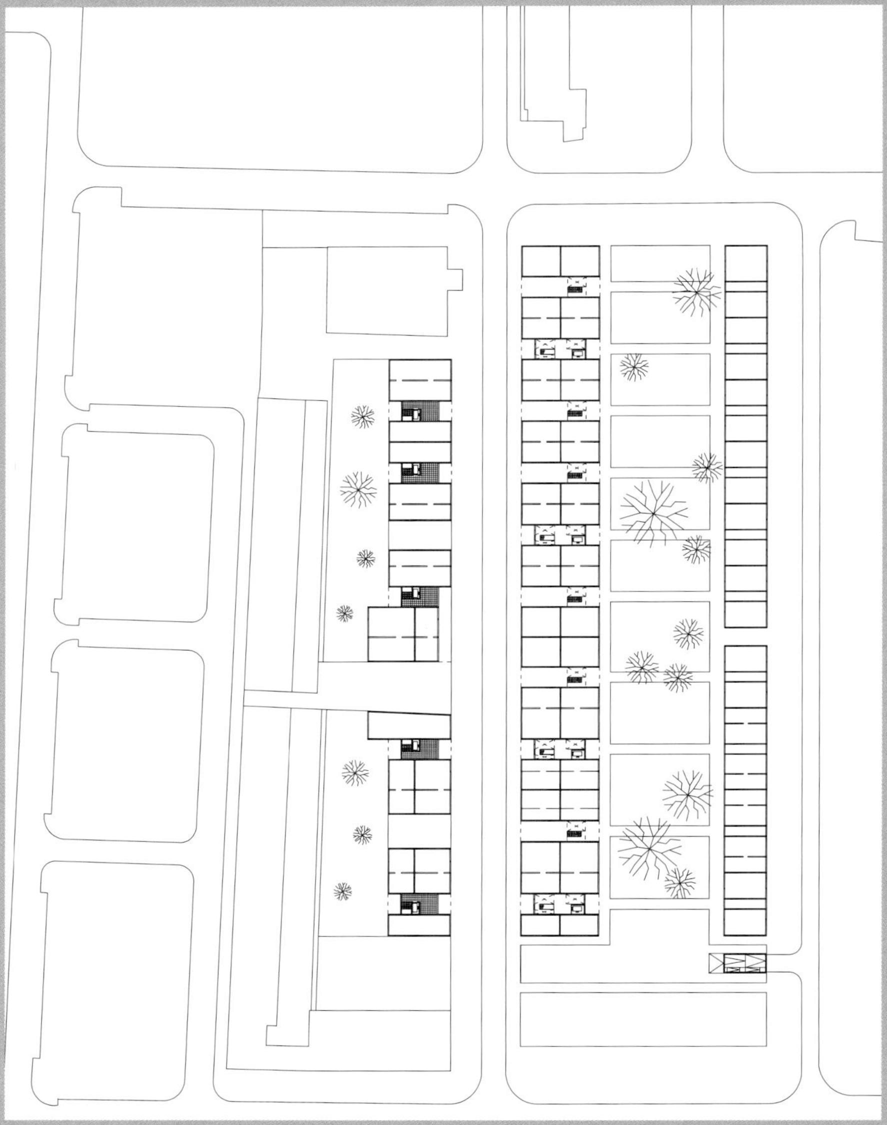

Plattegrond begane grond,
schaal 1:1.850

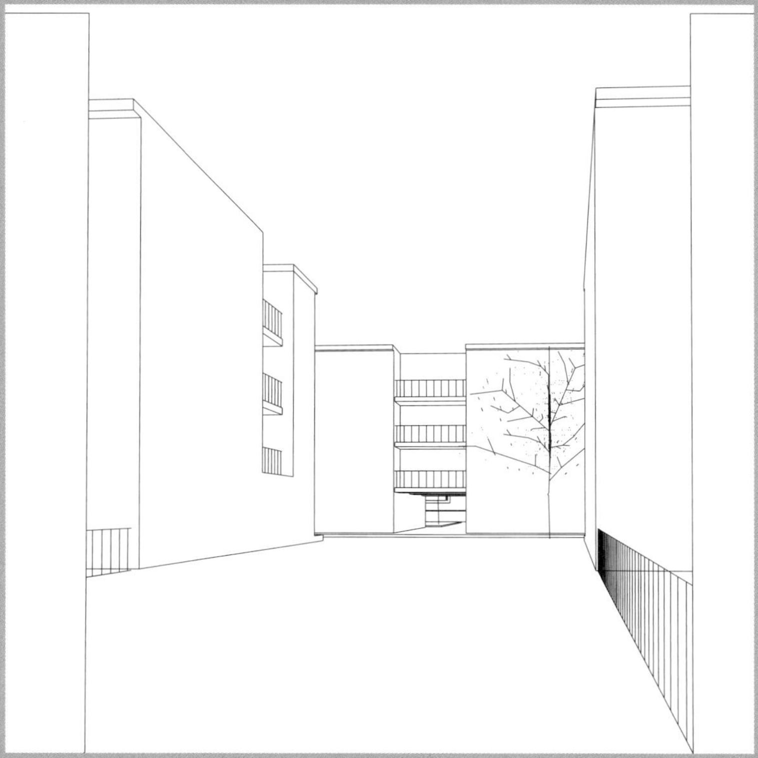

Zicht van noord naar zuid. Dijkstraat

Zicht van west naar oost. Ruimte voor nieuw stedelijk groen tussen de stads-villa's

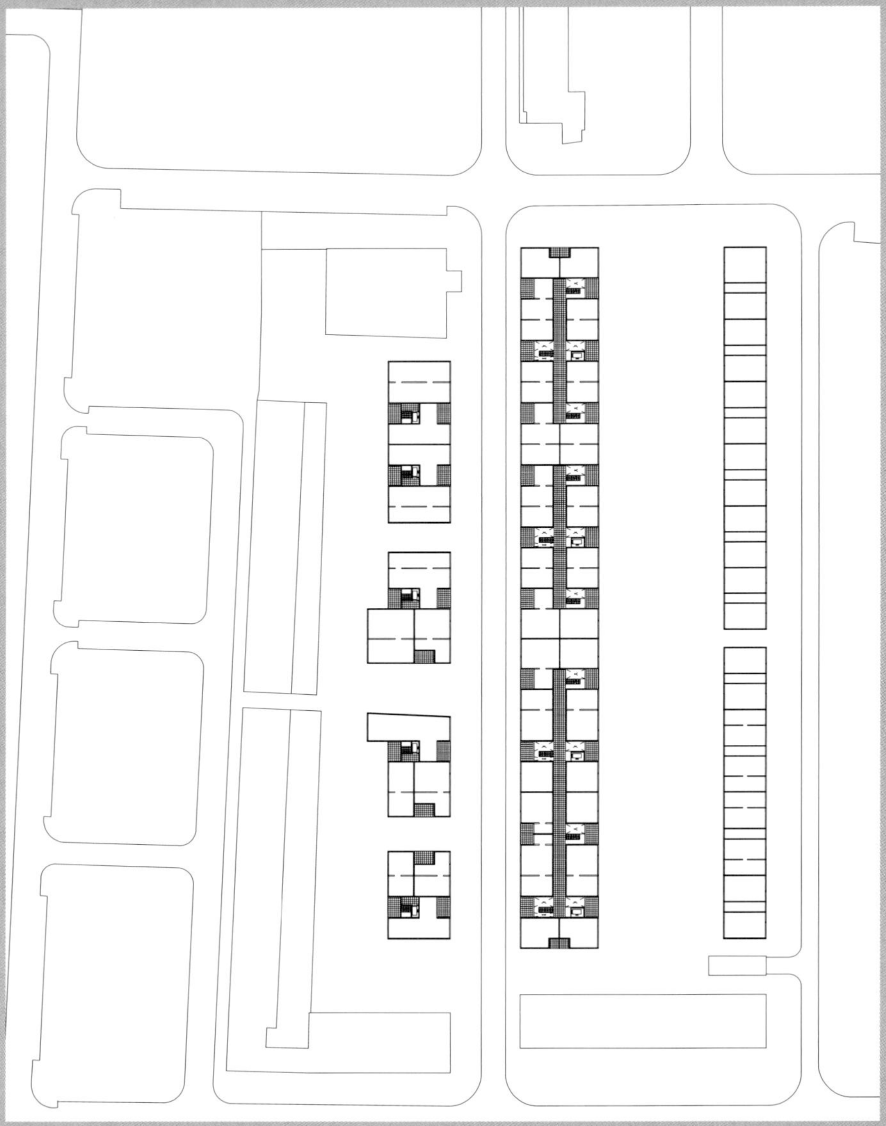

Plattegrond eerste verdieping,
schaal 1:1.850

Zicht van noord naar zuid. Openbaar binnengebied tussen de Speelmanstraat en Dijkstraat

INZET

Aanleiding

- toename parkeerdruk
- verhuurbaarheid

Job

- programmatische herpositionering complex met integratie van parkeer-faciliteiten

Aggregatieniveau

- buurt

ONDERHANDELBAARHEID

Vast deel

- consolidatie van baksteenarchitectuur aan doorgaande wegen
- consolidatie openbare status binnenterrein
- vergroting bestaande woningen binnen integriteit trapportiektype
- geopend bouwblok
- ondergronds parkeren

Voorwaardelijk deel

- locatie parkeerplaats
- programmatuur en bouwvorm nieuwbouw

Week deel

- stijl nieuwbouw

RELICTEN

Fysieke restanten

- baksteenarchitectuur (architectonisch motief)

Conceptuele restanten

- geopend bouwblok (stedebouwkundig motief)
- openbaar binnenterrein (functioneel motief)

Verdwenen relicten

- bebouwing straten (prioriteit renovatie aan randen)
- trapportiekontsluiting (programmatisch motief)

EXTERNE CONDITIES

Financiering

- opbrengsten nieuwe woningen compenseren renovatie

Besluitvorming

- grond en opstallen niet in één hand
- exclusief beslissingsrecht corporatie

Programmatische kleuring

- programma gedifferentieerd en gescheiden in goedkope en duurdere categorieën (straat, resp. rand)
- nadruk op comfortabel urbaan wonen

Nieuwendam

Amsterdam

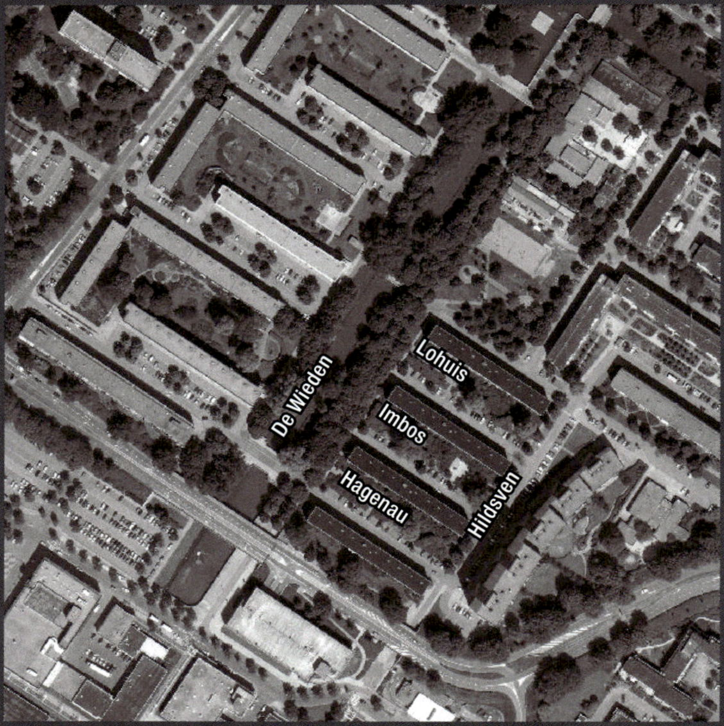

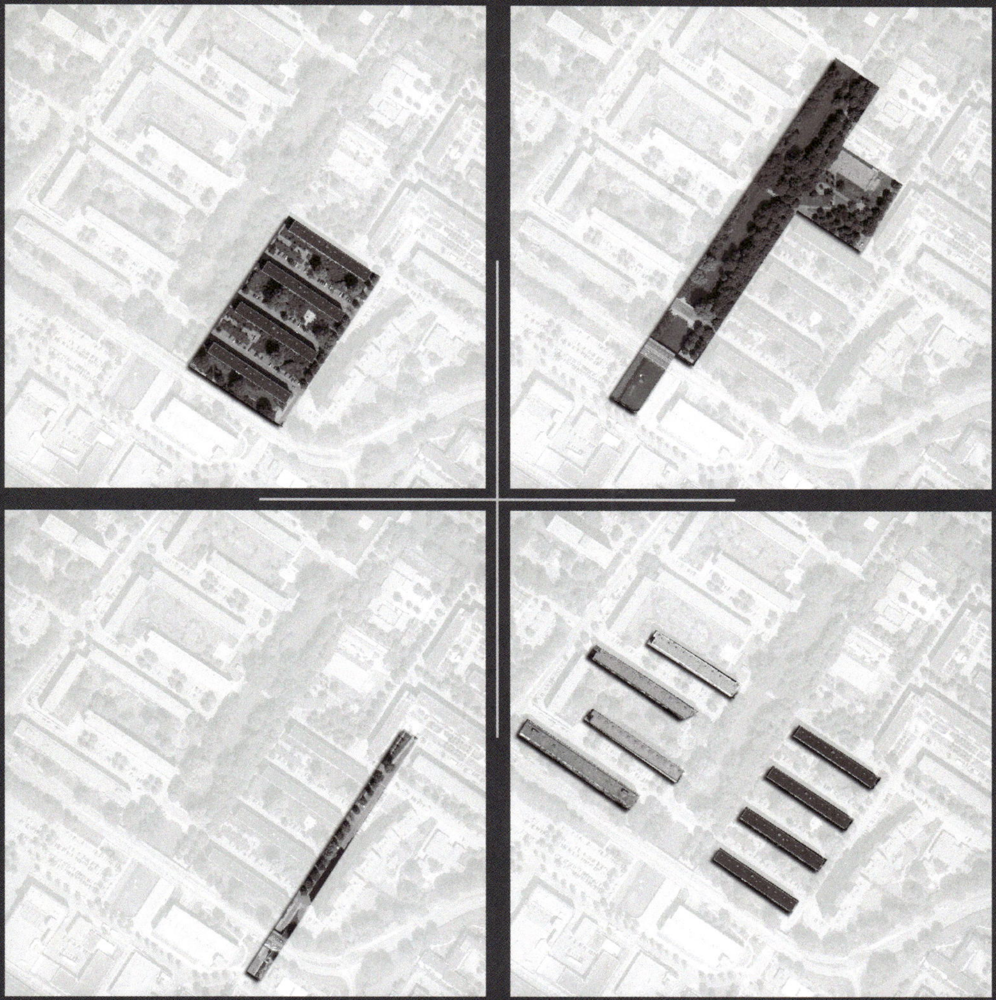

Ensemble Nieuwendam, Amsterdam | Relict: singel

Relict: straat | Relict: ritme

5.4 Nieuwendam, programmatische kleuring van strokenbouw

De naoorlogse wijk Nieuwendam is te beschouwen als een suburbaan veld van woonensembles die aan een raamwerk van wegen en groen zijn geknoopt. Het studiegebied bestaat uit vier stroken trapportiekwoningen. De gebouwen zijn simpele dozen. Ze zijn afgewerkt met geprefabriceerde metselwerkpanelen. Zowel het metselwerk als de panelen zelf zijn in halfsteensverband gemonteerd. Kenmerkender is de hechting van het ensemble aan het stedebouwkundige raamwerk en de omliggende ensembles. Aan de west- en oostzijde grenzen de koppen van de gebouwen aan fiets- en wandelroutes naar het winkelcentrum Buikslotermeerplein. De oostelijke route is stenig. Deze wordt benadrukt door een gekromd woongebouw uit de jaren negentig. Een smalle tunnel vormt de toegang naar het winkelcentrum. Aan de westzijde ligt het complex aan een brede singel met volwassen bomen. Deze singel leidt via een brede tunnel eveneens naar het winkelcentrum. Het ritme van de gebouwen in het studiegebied strookt precies met de ritmes van de ensembles aan de overzijde van het water. De groene velden tussen de stroken in de diverse ensembles lopen vloeiend door in de groenstructuur van de wijk.

Op stedebouwkundig microniveau is enerzijds de verhouding tussen ensemble en groenstructuur en anderzijds het verband tussen de ritmes van de ensembles onderling interessant. De groenstructuur is zeer concreet en architectonisch van aard: het is een zware laan met volwassen bomen en een brede singel. De ritmiek van de gebouwen is daarentegen een abstract gegeven, dat desondanks een onnadrukkelijke orde in het gebied rondom de singel brengt. Beide aspecten hebben een totaal andere architectonische definitie. Het betekent onder andere dat de vorm en typologie van de gebouwen ondergeschikte problemen zijn bij een eventuele herontwikkeling, waarop de beheerder inspeelt. Gezocht wordt naar woningtypen die in de wijk niet aanwezig zijn. De hoop van de beheerder is dat hiermee een nieuwe bewonerscategorie zich in Nieuwendam nestelt. Dit zou op gang gebracht worden door het aanbieden van grote, goedkope maisonnettes waar onconventionele woonprogramma's in kunnen worden aangebracht. Men mikt op een gentrificationproces.

Het voorstel voor Nieuwendam gaat uit van sloop van de gebouwen. Deze worden vervangen door drie stroken van vier lagen en één hogere strook tegen de dijk van De Wieden. De drie lagere stroken worden aan de oostzijde gekoppeld door een gebouwd volume op de bovenste twee lagen. Het ensemble van vier gelijke stroken wordt dus vervangen door een kam en een strook. Het kamgebouw en het appartementengebouw volgen de ritmiek van de oorspronkelijke blokken. De kam

Doorsteek winkelcentrum

Nieuw gebouw, complex en doorsteek

Bestaande bebouwing

Singel

versterkt de topografische verschillen in het gebied en maakt een herdefinitie van het groen tot tuin geloofwaardig. Er ontstaat een verschil in de verhouding tussen het ensemble en de langzaamverkeerroutes: de stenige route aan de oostzijde komt te liggen tussen het bestaande kromme gebouw en de gebouwde rand van het nieuwe ensemble. Aan de westzijde blijven de koppen geopend. De ruimte tussen de blokken blijft groen. Wel wordt de status gewijzigd. Het wordt een semiopenbaar gebied dat helder is gerelateerd aan de omliggende maisonnettes. Het is een tuin. Via deze tuin wordt de link met de singel gelegd. De woningen zijn diepe, smalle maisonnettes, die verhoudingsgewijs goedkoop zijn te produceren. De onderste maisonnettes hebben een kleine plaats aan de collectieve tuin, de bovenste hebben een dakterras. Het hoge blok bevat appartementen. Stalen torentjes met balkons staan als aparte constructies tegen het gebouw. Onder de middelste strook in de kam en het hoge appartementengebouw liggen parkeergarages, zodat de resterende buitenruimte zoveel mogelijk vrij van auto's blijft.

De verhouding groenstructuur-ensemble en de stedebouwkundige ritmiek zijn bewaard. Hierbij is groen in het ensemble als tuin benoemd. Het complex is dus alleen in stedebouwkundig opzicht geconsolideerd. Voor het woonprogramma zijn geen lokale precedenten aanwijzbaar, terwijl dit het voorstel in aanzienlijke mate kleurt. In stedebouwkundig en architectonisch opzicht zou het voorstel ook met meer conventionele types uit te werken zijn.

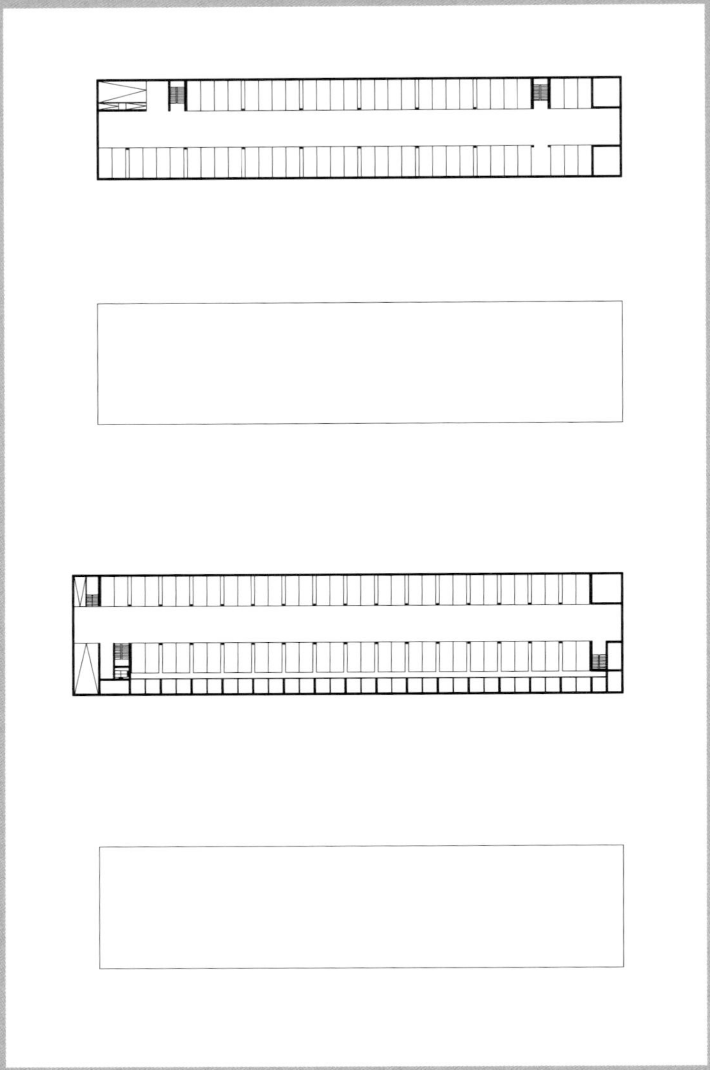

Plattegrond parkeergarage, laag -1,
schaal 1:1.250

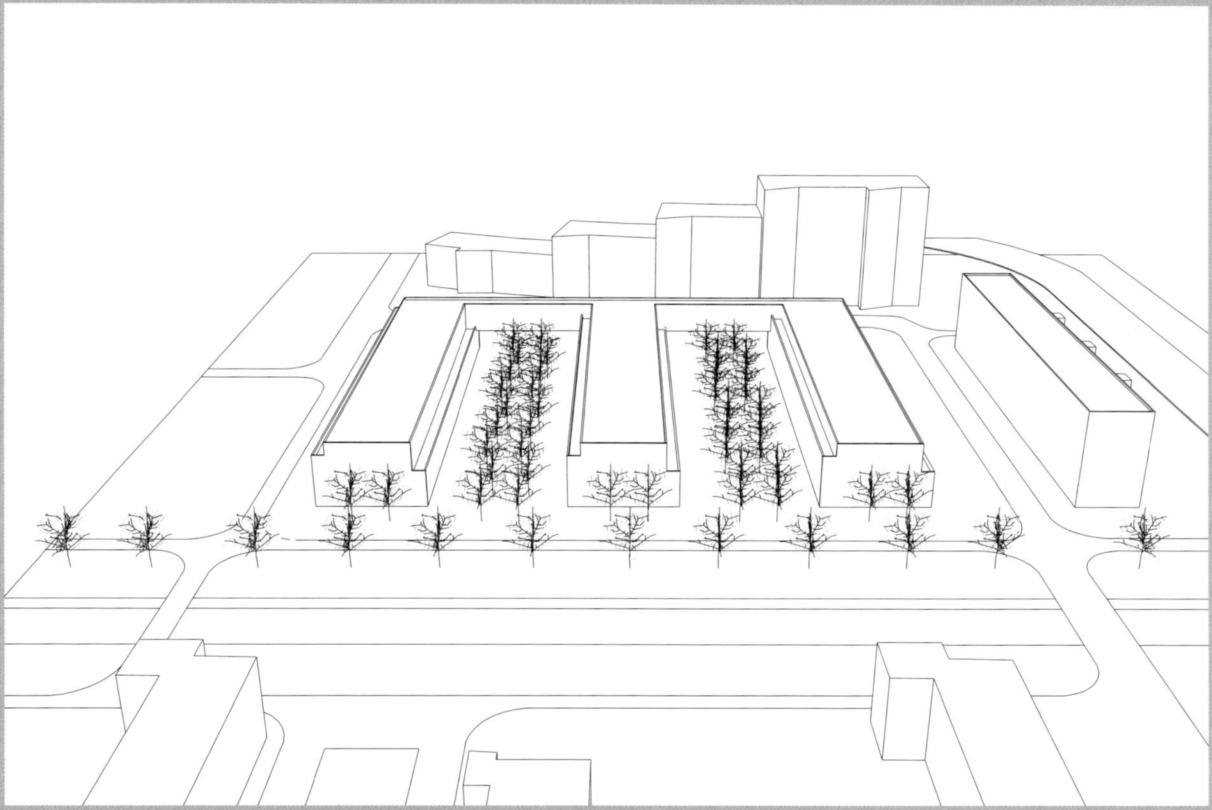

Zicht van noordwest naar zuidoost.
Drie gekoppelde stroken en één hogere strook

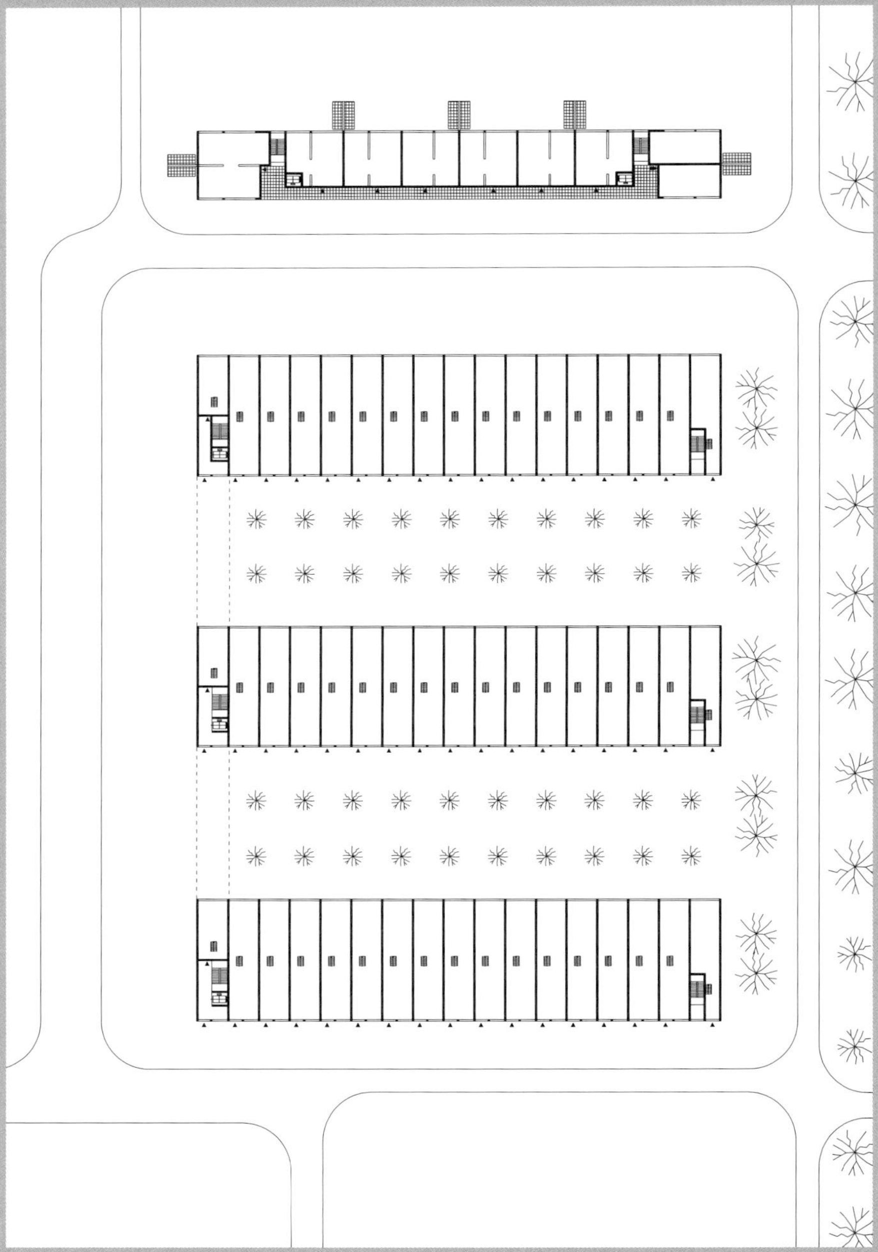

Plattegrond begane grond,
schaal 1:1.250

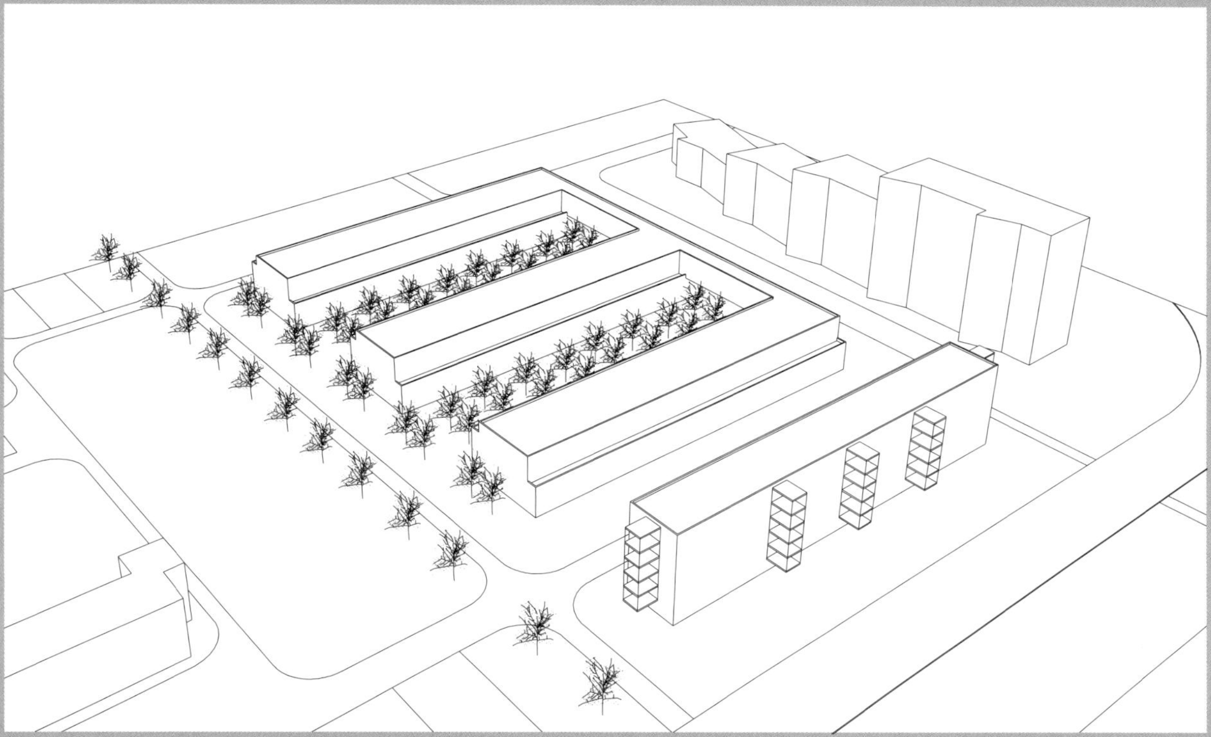

Zicht van zuidwest naar noordoost.

Kam- en strookgebouw

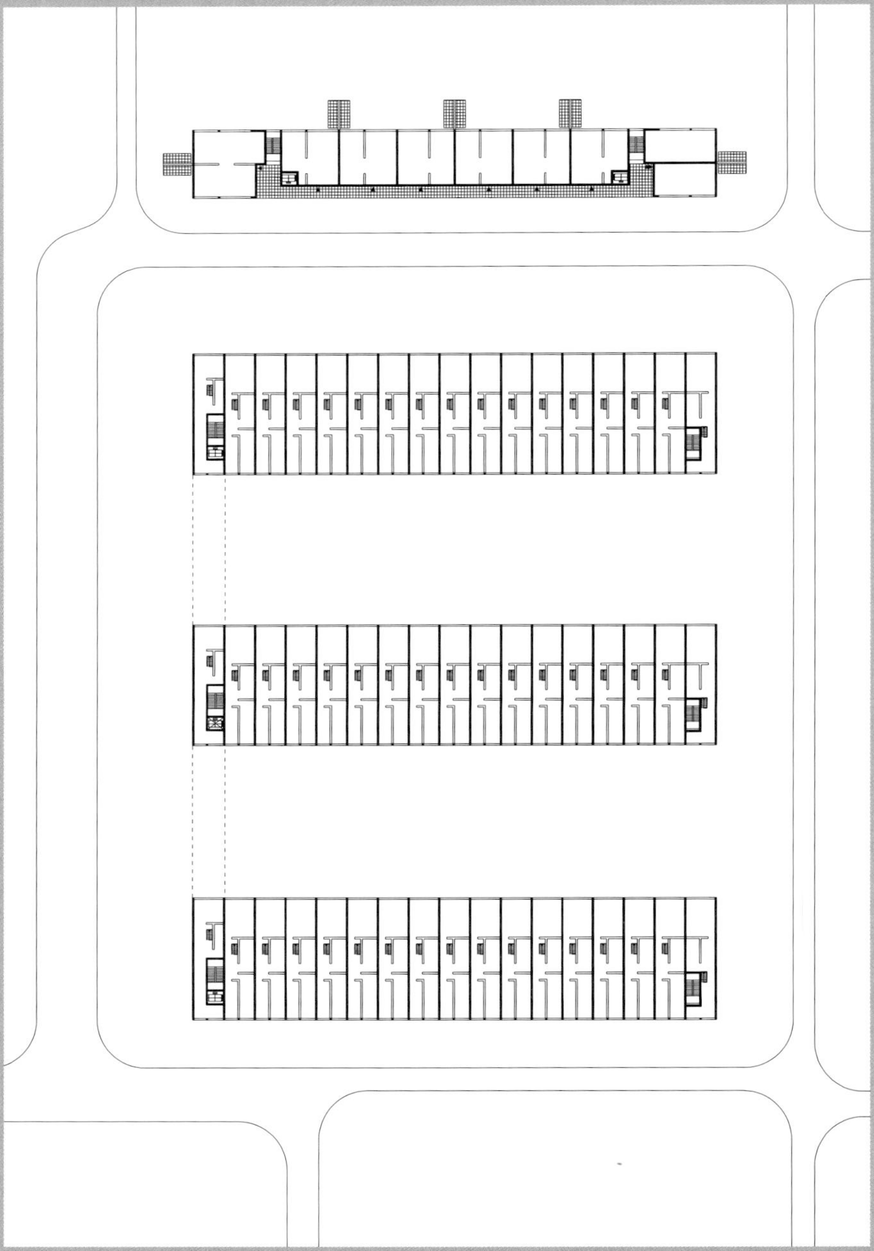

Plattegrond eerste verdieping,
schaal 1:1.250

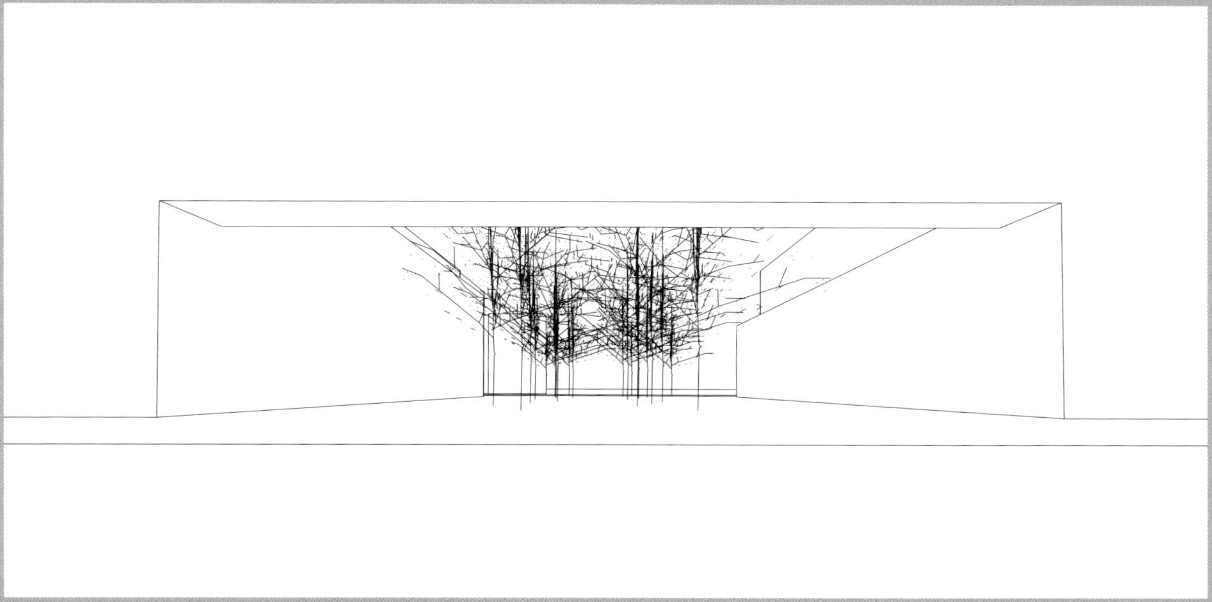

Zicht van zuidoost naar noordwest.

Poort en binnengebied

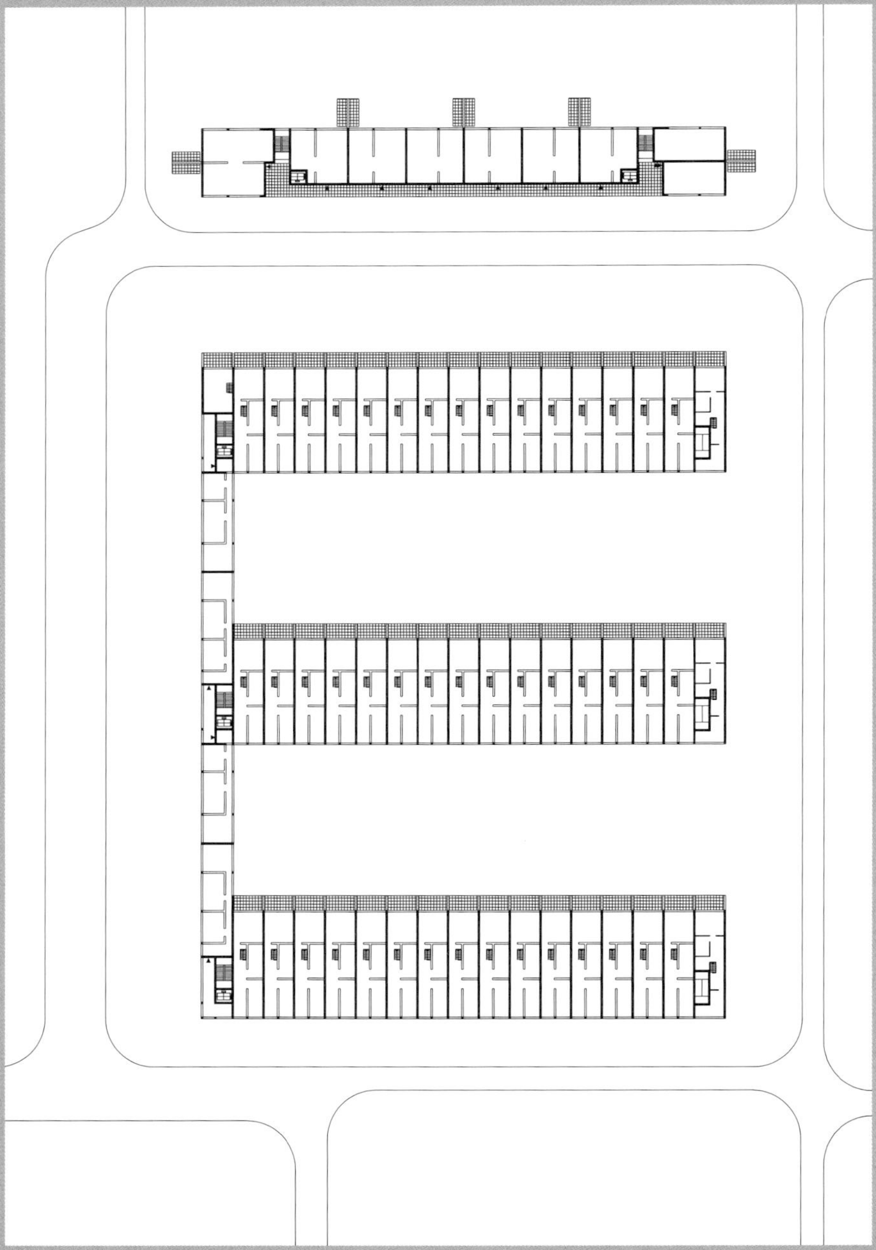

Plattegrond tweede verdieping,
schaal 1:1.250

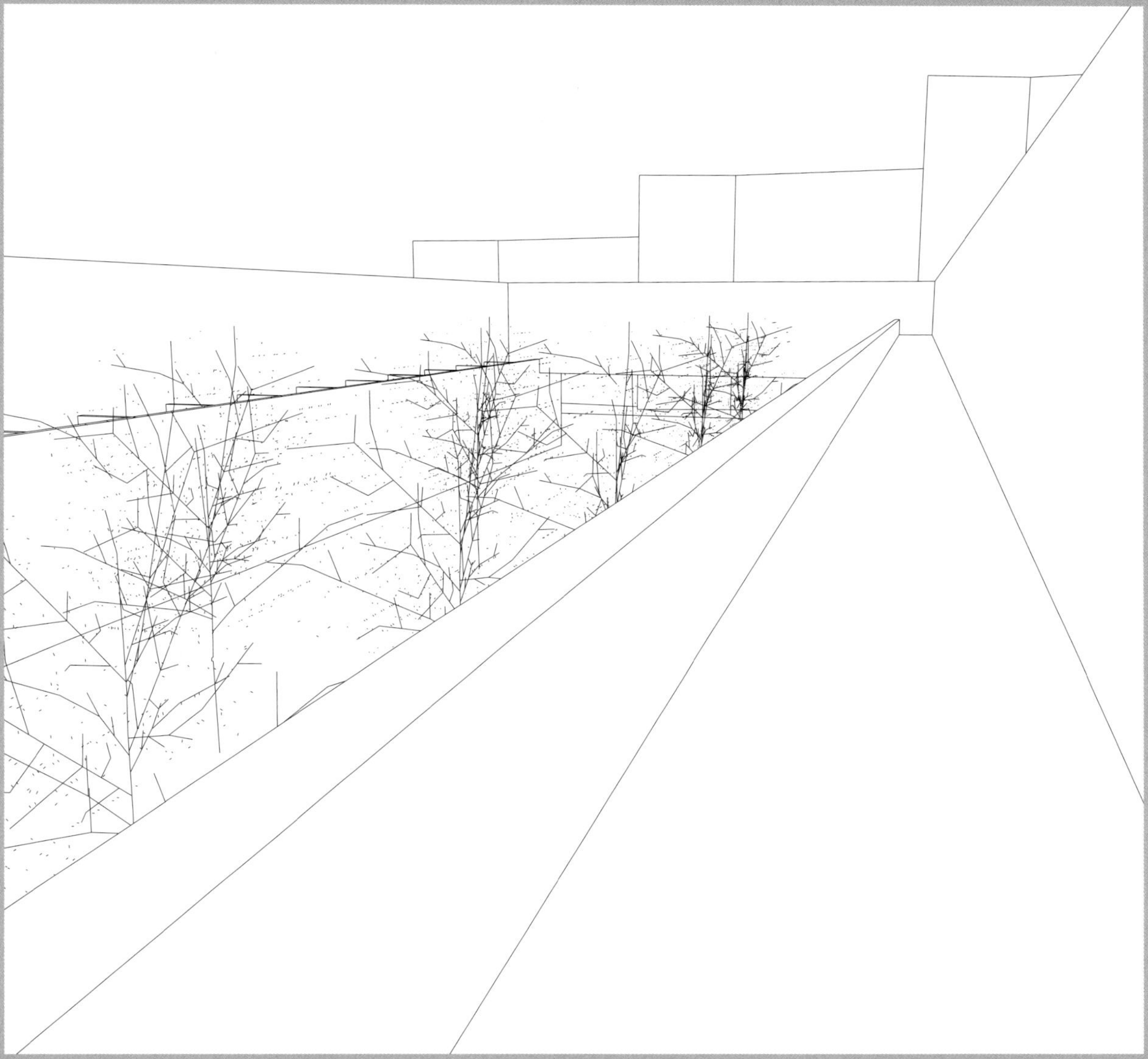

Zicht van noordwest naar zuidoost.

Zicht vanaf galerij

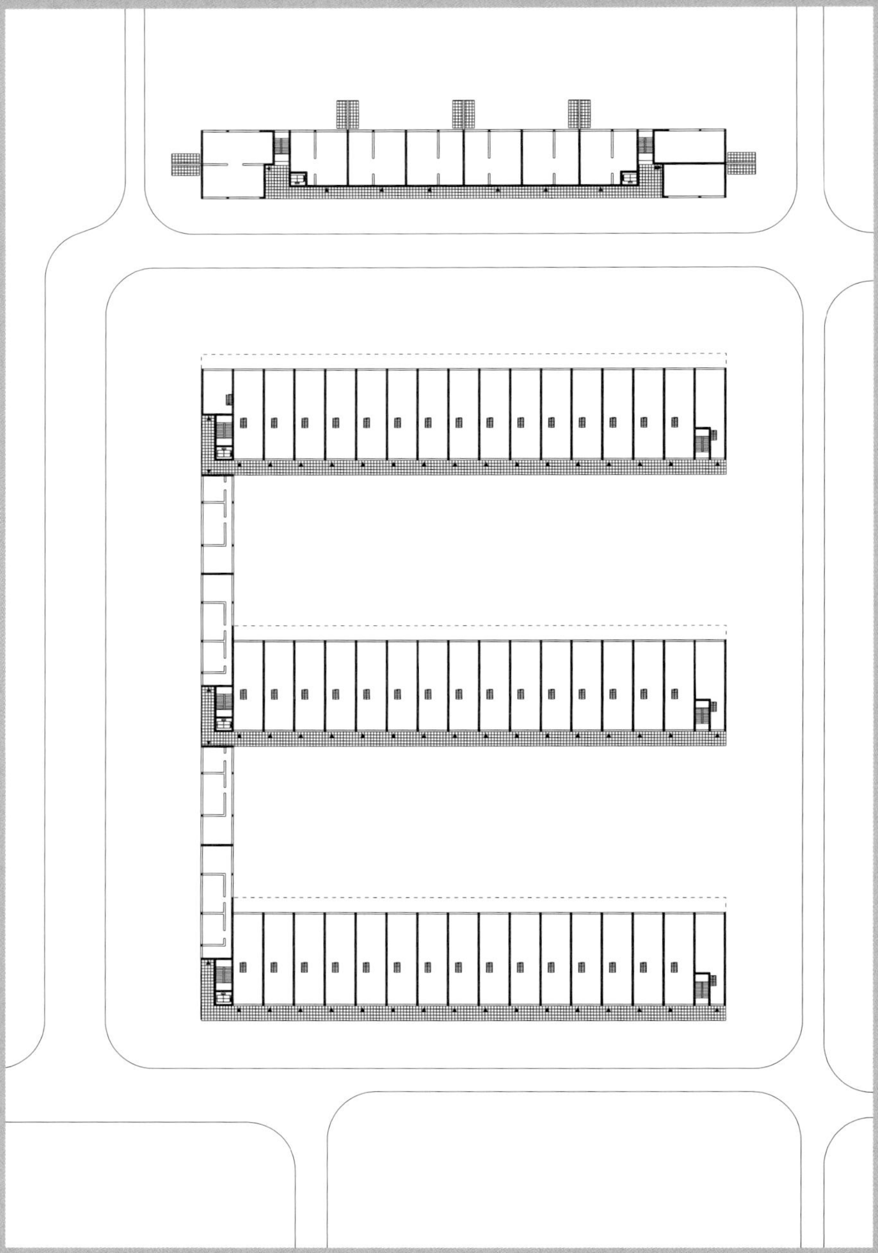

Plattegrond derde verdieping,
schaal 1:1.250

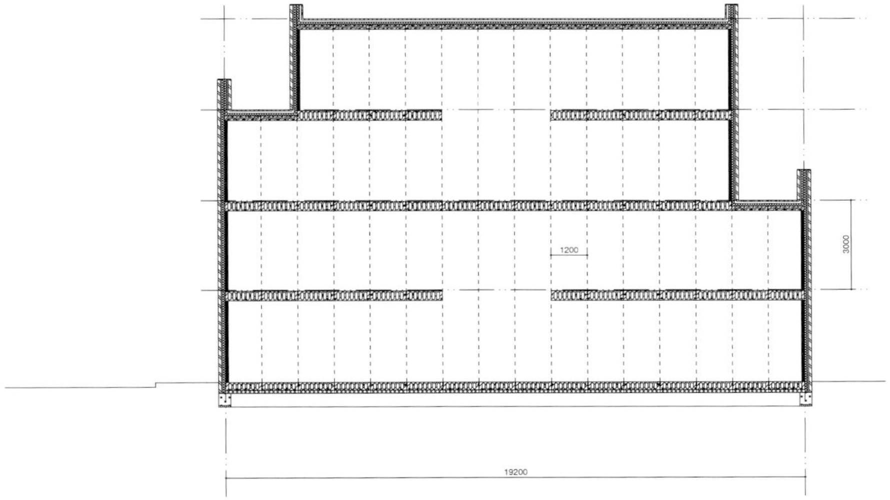

Doorsnede, schaal 1:250

INZET

Aanleiding

- technische veroudering woningen
- toename onderhoudsinspanningen

Job

- stimuleren gentrification

Aggregatieniveau

- portfolio verhuurder

ONDERHANDELBAARHEID

Vast deel

- ritmiek bouwblokken
- verschillen randen aan doorgaande wegen en langzaamverkeerroutes
- verband tuinen en singel

Voorwaardelijk deel

- woningtypologie

Week deel

- parkeergarage

RELICTEN

Fysieke restanten

- singel (landschappelijk, functioneel motief)

- straat (verkeerskundig motief)

Conceptuele restanten

- ritmiek bouwblokken (stedebouwkundig motief)
- rij als blokvorm (architectonisch motief)
- tuin (landschappelijk motief)

Verdwenen relicten

- originele blokken

EXTERNE CONDITIES

Financiering

- opbrengsten nieuwe woningen compenseren desinvestering

Besluitvorming

- grond en opstallen niet in één hand
- exclusief beslissingsrecht corporatie

Programmatische kleuring

- stapeling goedkope supermaisonnettes met smalle beukmaat en grote diepte

5.5 KODE als rationeel fundament voor een plan

Onbedoeld geven de studieprojecten iets prijs van de naoorlogse woonwijk als werkveld. Het is een platitude, maar de naoorlogse woonwijken zijn divers. De stedelijke Delftse School van de Kralingse Vlinderbuurt en de stempelstedebouw van Kanaleneiland vallen onder dezelfde noemer. De architectonische differentiatie van Nieuwendam verschilt van die van Overvecht. De naoorlogse woonwijken zijn weinig vormvast. De architectonische relicten die in staat zijn om de veranderingsprocessen te dragen zijn in de vier ontwerpoefeningen minder monumentaal dan in de referentieprojecten van het vorige hoofdstuk. Desondanks manifesteren zij zich, vaak in fysieke vorm, soms in conceptuele vorm. Tenzij wij het acceptabel vinden dat de naoorlogse woonwijken langdurig bouwputten zijn, is het juist door de beperkte monumentaliteit van het naoorlogse stadsontwerp de moeite waard om alle relicten nauwkeurig op hun bruikbaarheid als drager voor vernieuwing te bezien. De ontwerpoefeningen demonstreren dat ook de naoorlogse woonwijken uiteen te leggen zijn in essentiële en weke kwaliteiten. Interventies zijn dus in verschillende mate onderhandelbaar. De wetmatigheden die onder de schijnbare vormloosheid van de naoorlogse woonwijken liggen bepalen de dynamiek die deze stadsdelen toelaten.

Voorts kenmerken de naoorlogse woonwijken zich door bijzondere externe condities die met schaal hebben te maken. Het eigendom van het onroerend goed is doorgaans verdeeld over een beperkt aantal partijen. De wijken bestaan grotendeels uit huurwoningen. Vastgesteld kan worden dat woningcorporaties beslissen over mogelijke interventies op basis van portfoliomanagement: de veronderstelde eenzijdigheid van de grote aantallen naoorlogse woningen wordt binnen het totale pakket aan woningen gewaardeerd. Besluitvorming vindt dus op een totaal ander aggregatieniveau plaats dan de schaal van het fysieke architectonische object. Dit biedt zowel kansen als bedreigingen. Door de grootschalige vastgoedposities kunnen in de vernieuwing van de naoorlogse woonwijken grote, samenhangende stappen gezet worden. Indien de nadruk komt te liggen op de afwegingen van woningcorporaties op grond van evenwicht in hun portfolio betekent dit echter definitief het einde van het ‘bouwen voor de buurt’ dat in de jaren zeventig werd afgedwongen. De belangen van corporaties en zittende bewoners verschillen nu eenmaal.

KODE is als hulpmiddel bij de plananalyse nuttig gebleken en heeft als ontwerpinstrument gefunctioneerd bij het formuleren van de opgaven in dit hoofdstuk.

KODE levert een rationeel fundament voor het ontwerpproces en het maakt de rol van de architect inzichtelijk. Het definieert het ontwerp als een plan. Misschien is dit in een wereld van ISO-9000 certificering een voorzichtige conclusie. KODE bezit geen principiële of methodische rigiditeit. Het levert geen procedé met gegarandeerde uitkomsten. De vitaliteit van KODE in de praktijk moet nog blijken. In het volgende hoofdstuk worden daarover enige voorlopige conclusies getrokken.

6 Epiloog

Na het gereedkomen van het onderzoek dat aan deze publicatie vooraf ging is KODE in de ontwerppraktijk van biq stadsontwerp geïntroduceerd. In een aantal gevallen leverde KODE als analyse-instrument inzicht in de problematiek van ontwerpen die al ver gevorderd waren. In een aantal andere gevallen is KODE vanaf het begin ingezet als agenda in de gesprekken met derden over de definitie van de opgave. Het is de moeite waard om dit te illustreren aan de hand van de ontwikkelingsvisie voor de Kloosterlocatie in Den Haag.[1]

De opgave was te onderzoeken hoe een gebouwenensemble met een katholieke kerk, een pater- en een fraterhuis, drie scholen en een gymzaal in het Haagse Moerwijk herontwikkeld kon worden tot woningbouwlocatie. De gebouwen waren in de jaren vijftig ontworpen door de architect Jan van der Laan, een broer van de meer bekendere Dom Hans van der Laan. Jan van der Laan werkte in een pragmatisch Bossche School idioom. Bij dit project waren veel partijen betrokken: het grondbedrijf van de gemeente Den Haag en het bisdom van de katholieke kerk als eigenaar van grond en opstallen, dezelfde gemeente Den Haag als stedebouwkundige, woningcorporatie Haagwonen en de daaraan gelieerde conceptontwikkelaars, projectmanagers en ontwikkelaars van Kristal en de architect Johannes Tovatt als ontwerper van de omringende woningen. Het ontwerp van Tovatt was al ver gevorderd. Het eigendom van grond en opstallen was verdeeld over twee partijen, waarbij het bisdom strategische grondposities had en bovendien vanwege religieuze redenen eisen stelde aan het hergebruik van de kerk.

De architectonische waardering van de Bossche School gebouwen op het terrein was niet duidelijk en er was behoefte aan inzicht in de bruikbaarheid ervan. De plannen werden besproken in steeds wisselende comités, waarin soms vijftien personen (met evenzoveel meningen) aanwezig waren. Vooral de sloopvraag was onderwerp van heftig debat. Er was een sterke voorkeur om alle gebouwen te slopen en het gebied te betrekken in de nieuwe architectuur van Tovatt. Voor zover instandhouding werd overwogen werd dit in anekdotische termen gemotiveerd. Zo was er wel enig draagvlak voor herontwikkeling van de kerk en het paterhuis met een manifest monumentale architectuur, maar weer niet voor het fraterhuis, dat een veel bescheidener uiterlijk had. Het ontwerp moest in deze conditie, die illustratief is voor de praktijk in de kapotte stad, een beslissing over het ontwikkelingsperspectief forceren – en dat in korte tijd.

Het schetsontwerp stelt een samenhangende ontwikkeling van de gehele locatie

1. Ontwerprapportage biq stadsontwerp bv, *Kloostertuinen Moerwijk*, Rotterdam (biq stadsontwerp) 8 mei 2007.

voor. Het verband tussen de verschillende oude en nieuwe gebouwen wordt gevormd door de ommuurde tuinen. Deze waren in het bestaande complex als kloostertuinen en speelplaatsen van de scholen aanwezig en konden als drager van het ontwikkelingsperspectief dienen. De kerk, het naastgelegen klooster en de omringende tuinen worden bewaard, evenals het fraterhuis, de aangrenzende tuin en de manifeste tuinmuren. Nieuwe woningen zijn eveneens rondom collectieve tuinen gerangschikt.

Bij de formulering van de inzet van het plan in KODE heeft biq zich enige anticipatie op de marketingretoriek veroorloofd. Het plan werd omgedoopt tot *kloostertuinen*, waarmee onderstreept werd dat niet alleen de nieuw te bouwen woningen op de kloosterlocatie, maar ook de omringende woningen, ontworpen door Tovatt, profiteren van de leeftijd van het complex. De last van de monumentale gebouwen is geherdefinieerd tot een ontwikkelingsperspectief met commerciële potenties. De aanwezigheid van deze gebouwen met bijzondere programma's en tuinen met volwassen groen hebben kunnen bijdragen aan een luxe woonomgeving, niet begrepen in de betekenis van overdaad of extravagantie, maar in de zin van weelde of genot.

KODE maakte duidelijk waar het plan in de toekomst bij te sturen is. Deze mogelijkheden worden op dit moment onderzocht. Het is daarbij cruciaal dat de harde zaken in het plan bij de partijen bekend zijn en dat deze gedeeld worden. Het te realiseren project is nog niet in beeld, maar voorlopige conclusies over de vitaliteit van KODE zijn wel te trekken.

Als eerste valt op dat de gecondenseerde vorm van het schema tegelijkertijd succesfactor en bedreiging is. De compactheid zorgt ervoor dat er gemakkelijk op teruggevallen kan worden en dat het als discussieagenda én als missie in beeld blijft. Anderzijds kan het schema precies om die reden niet te uitgebreid worden. De tendens bestaat om veel details binnen KODE te 'regelen'. Het wordt daarmee al snel een oplossingsverzameling in plaats van een opgavedefinitie. Het gebruik van KODE is daarmee mede een kwestie van gedisciplineerde vergadertechniek.

Een tweede conclusie is dat de effectiviteit in deze complexe projectorganisatie veel groter is dan de vier eerdere ontwerpstudies, die in laboratoriumomstandigheden tot stand kwamen. Met weinig partijen, eensluidende ambities en beperkte belangen is precisie in de opgavedefinitie wellicht minder urgent. Bij de kloosterlocatie bleek echter dat het expliciet maken van alle thema's en gerelateerde aspecten de heftige discussie over het project relatief snel beslechtte. KODE lokaliseerde diverse zaken in het gesprek. Zo werd door de ontwikkelaars aanvankelijk verondersteld dat de kloosterlocatie vooral een woningtypologisch probleem vertegenwoordigde. In het voorgestelde verkavelingsmodel vormt dat echter een week onderhandelingsaspect. De woningtypologie speelt in de bijbehorende afwegingen een ondergeschikte rol, maar grijpt wel in op het rendement en verkooprisico's. Het is dus niet alleen een probleem dat naar achteren geschoven kan worden, het is zelfs beter om hier de handen vrij te houden in verband met marktomstandigheden op moment van implementatie van het plan. Door de urgentie van woningtypologische besluiten te relativeren kwam energie vrij voor andere zaken.

Als derde punt kan genoemd worden dat KODE bepaalde concepten op scherp heeft gesteld. De uitwerking van het ensemble met een uniforme continue rand is daarvan een voorbeeld. Dit aspect werd onder meer door Tovatt om idiosyncratische redenen ter discussie gesteld. Tovatt stelde voor om alleen de kerk in stand te houden en het door hen ingezette verkavelingsschema door te zetten over de kloosterlocatie, zodat de 'hele buurt iets aan de kerk had'. biq pleitte juist voor een heldere begrenzing van het ensemble, onder andere om ook in termen van verkaveling de monumentaliteit van het kloostercomplex in stand te houden en om anderzijds de tuinen van een goede rand te voorzien. Door het helder benoemen van dit soort architectonische concepten werd een categorisch besluit genomen: de kloostertuinen krijgen een heldere rand van woningen met poortachtige motieven. Ondanks verzet van Tovatt is ook niet getracht om op het niveau van vormgeving een compromis te sluiten. Door de status van de rand en de link met het tuinconcept als drager van het ontwikkelingsperspectief werd dit een hard punt in de onderhandelingen en werd een belangrijk architectonisch concept zeker gesteld.

Een bijzonder aandachtspunt is het onderwerp *faalfactor* in de kolom *externe condities*. Hierover bestaat aarzeling. Enerzijds lijkt het aanmatigend om te denken dat alle beren op de weg vooruit benoembaar zijn. Anderzijds is het nadenken over faalfactoren een daad van realisme. Je zou het proactief risicomanagement kunnen noemen. In recentere projecten kiest biq ervoor om de faalfactoren per planfase te benoemen en ze steeds te actualiseren.

Moerwijk
Kloosterlocatie
Den Haag

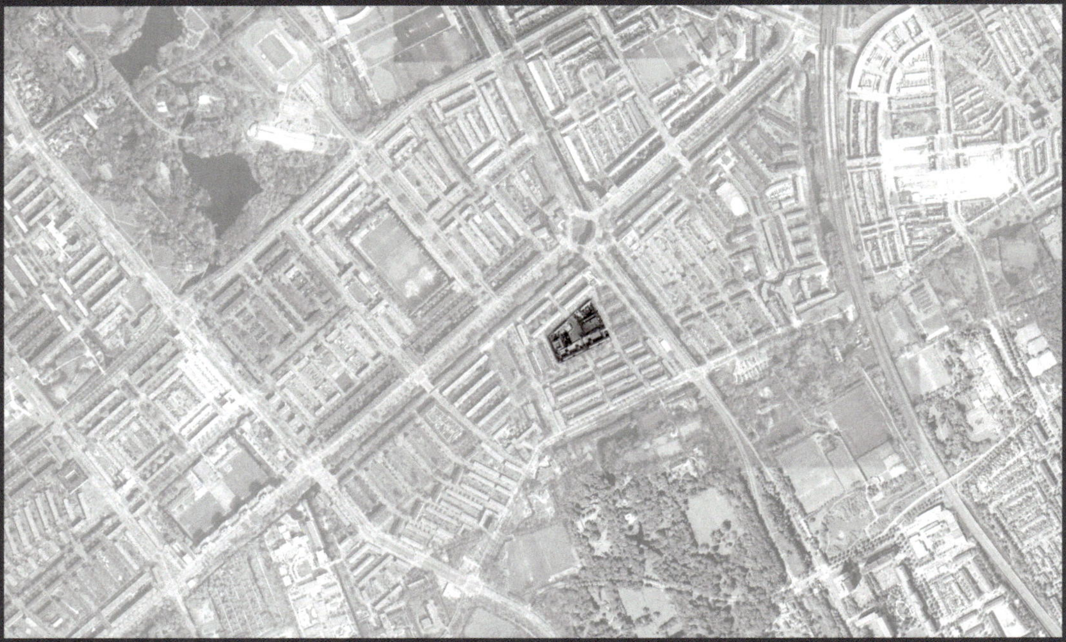

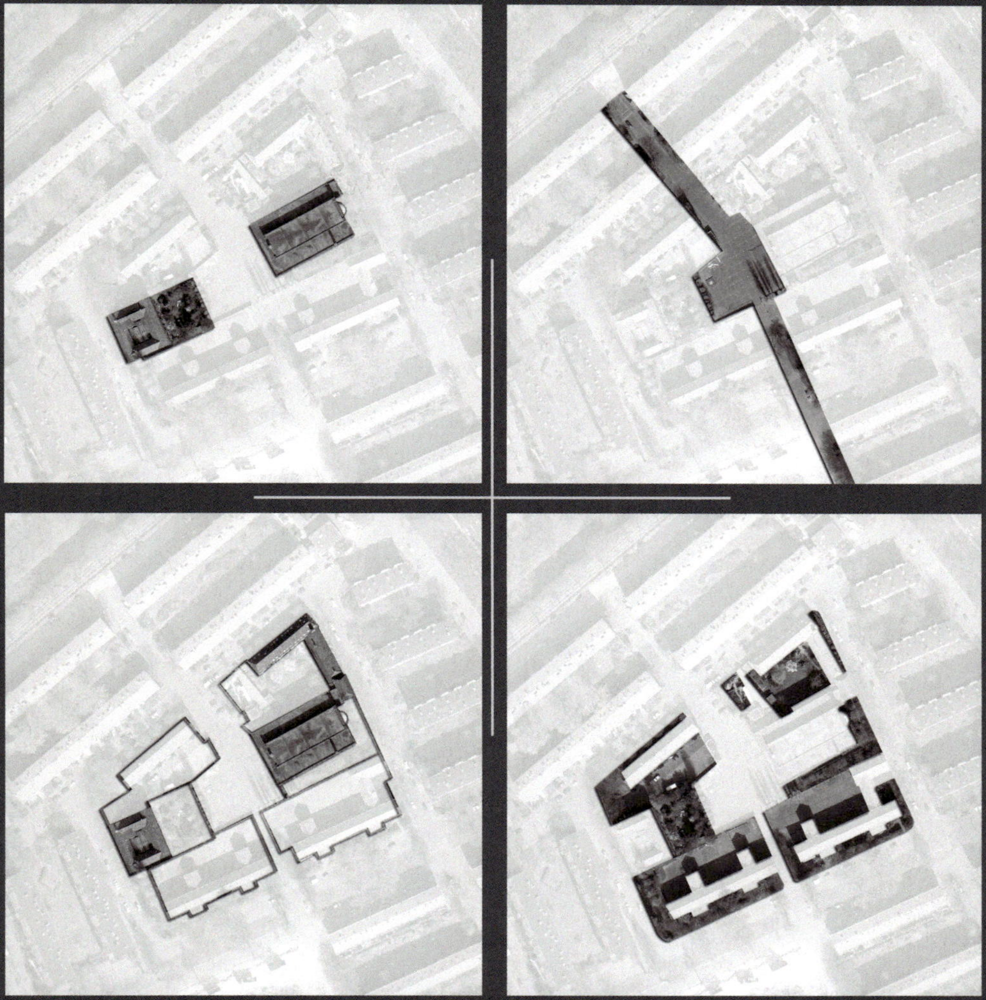

Fysieke relicten:
kerk en fraterhuis

Conceptueel relict:
as en plein

Conceptueel en fysiek relict:
muren en gebouwen vormen een rand

Conceptuele en fysieke relicten:
tuinen

Fraterhuis

Scholen

Kerk achterzijde

Paterhuis

Situatie

Zicht van noordwest naar zuidoost.
Oude en nieuwe gebouwen

Zicht van noordwest naar zuidoost.
Heldere begrenzingen in de openbare ruimte

Zicht van zuidwest naar noordoost.
De Raaphorstlaan

INZET

Aanleiding

- vernieuwing Moerwijk-Zuid
- leegstand kerk- en schoolgebouwen

Job

- kloosterensemble uitbaten als beeldbepalende identiteitsdrager

Aggregatieniveau

- netwerk openbare ruimten Moerwijk-Zuid

ONDERHANDELBAARHEID

Vast deel

- herontwikkeling ensemble als één geheel
- definitie kerkplein ontmoetingsplaats Moerwijk-Zuid
- homogene randbebouwing
- kerk en fraterhuis dragen het plein
- hoge dichtheid
- tuin dragend ontwerpconcept

Voorwaardelijk deel

- openbare functie kerk
- parkeeroplossing

Week deel

- woningtypologie
- uitwerking tuinen

RELICTEN

Fysieke restanten

- gebouwen: kerk, paterhuis, fraterhuis (stedebouwkundig, monumentaal motief)
- kloostertuinen met muren (architectonisch, landschappelijk motief)
- overgangsgebieden tussen straat en gevel (architectonisch motief)

Conceptuele restanten

- ensemble als homogeen geheel (monumentaal, stedebouwkundig motief)
- ensemble als ontmoetingsplaats (maatschappelijk motief)
- aardse gevels met eenvoudige ramen en deuren (architectonisch motief)
- kroonlijst met dakopbouwen

Verdwenen relicten

- het beeld van Christus Koning
- scholen, gymzaal
- speelplaatsen

EXTERNE CONDITIES

Financiering

- totaal opbrengsten nieuwe woningen en voorzieningen compenseren desinvestering
- grondwaarde mede afhankelijk van opbrengsten nieuwbouw

Besluitvorming

- grond en opstallen niet in één hand
- gedeeld beslissingsrecht corporatie, gemeente en bisdom

Programmatische kleuring

- nadruk op woonprogramma
- openbare functie kerk
- beperking mogelijkheden kerk door bisdom
- beperking programmatuur bestaande gebouwen door economische potenties Moerwijk

Conclusie

De vernieuwing van de kapotte stad is een Europees thema. De Nederlandse praktijk onderscheidt zich door de nadruk op het actuele probleem van de naoorlogse open stad en een nonchalante benadering van de geschiedenis. De besluitvorming heeft de neiging gereduceerd te worden tot een categorisch dilemma tussen sloop en instandhouding. Daarbij zijn architectonische analyse, opgavedefinitie en ontwerp uit elkaar getrokken. De resultaten van de geanalyseerde Europese herontwikkelingsprojecten demonstreren dat dit niet wenselijk is. Kennis, analyse, opgavedefinitie en ontwerp behoren tot de architectonische arbeid, maar maken op verschillende wijzen deel uit van de politieke realiteit. Door de dynamiek die eigen is aan de herontwikkeling, is het ontwerp eerder een onderhandelingsdocument dan een kant-en-klare blauwdruk. Architecten kunnen niet precies genoeg zijn in het plaatsen en begrenzen van hun werk in het publieke debat over de kapotte stad. Bij de vernieuwing van de stad moet een helder onderscheid gemaakt worden tussen het kennisvraagstuk en het probleem van de ontwerpaanpak. Terwijl het eerste een onderdeel is van een lokale praktijk (de Nederlandse naoorlogse woonwijk bijvoorbeeld), kent het tweede een algemene, internationale dimensie.

KODE is pragmatisch gedacht. Maar de vraag is op zijn plaats of de contextuele architectuur (en de architectuur als geheel) dit pragmatisme nog uit de weg kan gaan. De architectuur van vrijblijvende beelden enerzijds of juist de architectuur van de weerstand anderzijds zullen nooit in staat zijn om diep door te dringen in de realiteit van de grote bouwstromen. In pragmatische termen leveren zij ballast in het ontwerpproces en zijn in de termen van de boze buitenwereld, waarin de architectuur nu eenmaal functioneert, te veel ‘deel van het probleem’. De architectuur moet weer deel van de oplossing worden. Het is voor de contextuele architectuur een uitdaging om een doelgericht professionalisme te ontwikkelen dat in staat is de grote bouwstromen in de kapotte stad succesvol te beïnvloeden.

Literatuur

Astrid Aarsen, Tjeerd de Boer, Bernard Colenbrander, Arie Lengkeek, Marianne Lahr (red.), *Cultuur en stedelijke vernieuwing*, Denkboek voor de cultuurimpuls ISV, Den Haag (ministerie OCW en VROM) 2004

Joseph Abraham, 'The memory of forgetfulness', in: *a+t*, no.17, 2001

Esther Agricola, Aad Bouwhuis, Ruud Geelhoed, Gertjan Giele, Winfried Janssen, Hans Pronk (red.), *Den Haag Zuidwest, Een naoorlogs stadsdeel in verandering*, Bussum (THOTH) 2002

Gerrie Andela, Cor Wagenaar, *Een stad voor het leven, Wederopbouw Rotterdam 1940-1965*, Rotterdam (Uitgeverij De Hef) 1995

Aimée de Back, Jo Coenen, Marieke Kuipers, Wiek Röling (red.), *Gesloopt Gered, Bedreigd, Omgaan met naoorlogse bouwkunst*, Rotterdam (episode publishers) 2004

Robert Bevan, *The destruction of memory, Architecture at war*, Londen (Reaktion Books) 2006

A. Bos, *De stad der toekomst, de toekomst der stad*, Rotterdam (A. Voorhoeve) 1946

Niek de Boer, Donald Lambert, *Woonwijken, Nederlandse stedebouw 1945-1985*, Rotterdam (uitgeverij 010) 1987

Koos Bosma: 'Middelburg', in: Koos Bosma, Cor Wagenaar (red.), *Een geruisloze doorbraak: de geschiedenis van architectuur en stedebouw tijdens de bezetting en de wederopbouw van Nederland*, Rotterdam (NAi Uitgevers) 1995

Dolf Broekhuizen, *De Stijl toen, J.J.P. Oud nu*, Rotterdam (NAi Uitgevers) 2000

Dick Bruijne, Dorine van Hoogstraten, Willem Kwekkeboom, Anne Luijten, *Amsterdam Zuid Oost / Amsterdam South East*, Bussum (THOTH) 2002

J. Christophe Bürkle, Jörg Friedrich (ed.), *Luigi Snozzi- Urbanistische Projekte, Ideen und Arbeiten 1972-1997*, Zürich (Niggli) 1997

Roy Bijhouwer, Erick van Egeraat, Stefan Gall, 'De vorm van de herhaling', in: S. Umberto Barbieri (red.), *Architectuur en Planning*, Rotterdam (uitgeverij 010) 1983

Goncalo Byrne, 'Lisbon, a vulnerable city', in: *Lotus* no. 64, p. 37

J. Castex, J.-Ch. Depaule, Ph Panerai, *De rationele stad*, Nijmegen (SUN) 1984

Jean Castex, 'Inzet en noodzaak van de stedelijke analyse', in: Hilde Heynen e.a. (red.), *Dat is Architectuur*, Rotterdam (uitgeverij 010) 2001

Stuart Cohen, 'On adding on', in: *Threshold*, New York (Rizzoli) 1984

Bernard Colenbrander, *Chiado, Lissabon, Alvaro Siza en de strategie van het geheugen / Alvaro Siza and the strategy of memory*, Rotterdam (NAi Uitgevers) 1990

Bernard Colenbrander, *De verstrooide stad*, Rotterdam (NAi Uitgevers) 1999

Alan Colquhoun, 'Three kinds of historicism', in: *Modernity and the classical tradition, architectural essays*, Londen (MIT Press) 1981

Alan Colquhoun, 'Vernacular classicism', in: *Modernity and the classical tradition, architectural essays*, Londen (MIT Press) 1981

Alan Colquhoun, 'Typology and the design method', in: *Essays in architectural criticism:*

modern architecture and historical change, Londen (MIT Press) 1981

Crimson, *Re-urb, Nieuwe plannen voor oude steden*, Rotterdam (Uitgeverij 010) 1997

Hans Crombag, Frank van Dun, *De utopische Verleiding*, Amsterdam/Antwerpen (Uitgeverij Contact) 1997

Pierre-Alain Croset (red.), *Luigi Snozzi a Monte Carasso 1978-1992*, Monte Carasso (Municipio di Monte Carasso) 1992

Sjoerd Cusveller, *Emmen Revisited, Nieuw perspectief voor naoorlogse woonwijken*, Bussum (THOTH) 1997

Florian Dammeyer, Violetta Erbacher, Katrin Grögel, Esther Schreier, *Werkraum Warteck pp*, Basel (Verein Werkraum Warteck pp) 2004

Wim Denslagen, *Romantisch modernisme, Nostalgie in de monumentenzorg*, Amsterdam (SUN) 2004

Jeffrey F. Diefendorf, *Rebuilding Europe's Bombed Cities*, Londen (The MacMillan Press) 1990

Maarten Doorman, *Steeds mooier, over vooruitgang in de kunst*, Amsterdam (Bert Bakker) 1994

(z.a) 'Tony Fretton Architects' in: *a+t*, no. 18, 2001

P. Fumagalli, 'Die Restaurierung des Stadtraumes', in: *Werk, bauen und wohnen*, no. 4, 1985

Arjan Hebly, Cees Boekraad, *Bouwen in de wederopbouwstad*, Delft (Architectuur Lokaal) 2004

Jan de Heer, 'Architectuur en serie', in: S. Umberto Barbieri (red.), *Architectuur en planning*, Rotterdam (uitgeverij 010) 1983

Hans van der Heijden, 'On certainty and negotiation', in: *a+t*, no. 13, 1999

Hans van der Heijden, 'Losse feiten tussen huis en tuin / Loose facts between home and garden', in: *Oase*, no. 55, 2001

Hans van der Heijden, 'Innovatie van het bouwblok', in: *De architect*, mei 2003

Hans van der Heijden, 'Architectuur van Noddy', in: *Archis*, no. 1, 2004

Hans van der Heijden, 'Een tweede stad', in: Hans van der Heijden, Barbara Klomp (red.), *Tuindorp Kethel Schiedam*, Bussum (THOTH) 2004

Ad Hereijgers, Endry van Velzen, *De naoorlogse stad, een hedendaagse ontwerpopgave*, Rotterdam (NAi Uitgevers) 2001

Christina Horisberger, Annina von Planta (red.), *Stadtansichten Diener & Diener*, Katalog zur Ausstellung, Zürich (Karl Schwegler AG) 1998

Ulrike Jehle-Schulte Strathaus, Kenneth Frampton, Vittorio Gregotti, *Luigi Snozzi, progetti e architetture 1957-1984*, Milaan (Electa Editrice) 1988

Ulrike Jehle-Schulte Strathaus, Martin Steinmann (red.), *Diener & Diener, Projects 1978-1990*, New York (Rizzoli International) 1991

Juryrapport: 'verslag zitting van de jury 18-12-1990,' in: *Ideeën- en architectuurwedstrijd*, Kortrijk (C.V. Eigen Erf en Huis) mei 1991

Rem Koolhaas, *Generic City*, Sassenheim (Sikkens Foundation) 1995

Marieke Kuipers, *Toonbeelden van de wederopbouw*, Zwolle (Waanders Uitgevers) 2002

Vittorio M. Lampugnani, 'Dansfiguren van stevig metselwerk. Over stedenbouw van Diener & Diener', in: K. Vandermarliere, A. van Geystelen, *Stadsgezichten Diener & Diener*, Antwerpen (deSingel) 1999

Vittorio M. Lampugnani, 'Tradition', in: G. Wingårdh, R. Wærn, *Crucial words — Conditions for contemporary architecture*. Basel (Birkhäuser) 2008

Peter Loerakker, *Nederlandse Architectuur en Stedebouw '45-'80*, Amsterdam (Bert Bakker) 1984

J. Lucan, B. Marchand, 'Obsessions, Conversation between Jacques Lucan and Martin Steinmann', in: *A matter of Art, Contemporary architecture in Switzerland*, Basel (Birkhäuser) 2001, p. 20

C. Luchsinger, 'Ein Bild von Stadt', in: *Werk, Bauen + Wohnen*, no. 9, 1996

DE LIJN, Rein Geurtsen en Partners BV, Reijndorp Stedelijk Onderzoek en Advies, Architectuur Lokaal, RDMZ, *Wikken en wegen in waardevolle wijken*, Amsterdam (DE LIJN) 2001

Antonio Monestiroli, *Temi Urbani, cinque progetti per la cittá*, 1997

Phillippe Panerai, 'Typologieën. Een middel tot inzicht in de logica van ruimtelijke patronen', in: Hilde Heynen e.a. (red), *Dat is Architectuur*, Rotterdam (uitgeverij 010) 2001

Alois Riegl, 'The modern cult of monuments, its character and its origin', (vert. Kurt Foster, Diane Ghirardo), in: *Oppositions* 25, 1982

Aldo Rossi, *De architectuur van de stad*, Nijmegen (SUN) 2002

Vincent van Rossem, Jeroen Schilt, *Tuindorp Frankendaal, een cultuurhistorische effectrapportage*, Amsterdam (Bureau Monumentenzorg & Archeologie) 2002

Fred Scott, *On altering architecture*, Londen (Routledge) 2007

Miroslav Šik, 'Traditionnel, poétique', in: *L'Architecture d'aujourd'hui*, 299, juin 1995

Miroslav Šik, *Altneue Gedanken, Texte und Gespräche 1987-2001*, Luzern (Quart Verlag) 2002

Álvaro Siza, *A reconstrução do Chiado, Lisboa*, Lissabon/Porto (Livraria Fingueirinhas) 2000

Luigi Snozzi, *Monte Carasso die Wieder-erfindung des Ortes / Monte Carasso la Reinvenzione del Sito*, Boston/Berin/Basel (Birkhäuser) 1995

Henk De Smet, Paul Vermeulen, *Hernemingen, verdichtingen, economie / Resumptions, compressions, economy*, Tentoonstellingscatalogus (deSingel) 1996

Ignasi de Sola Morales, 'From contrast to analogy', in: *Lotus International*, no. 46, 1985, p. 39

Steven Spier, Martin Tschanz, *Swiss made, New architecture from Switzerland*, Londen (Thames & Hudson) 2003

Jacqueline Tellinga, *De grote verbouwing, Veranderingen van naoorlogse woonwijken*, Rotterdam (Uitgeverij 010) 2004

Harm Tilman, 'Plan in proces- de rol van het ontwerp in de ruimtelijke ordening,' in: Erik Pasveer, Peter Paul Witsen, *BVR NL*, Bussum (Uitgeverij THOTH) 2004

Eelko Truijens, Anco van der Veen, *Wie is er bang voor de naoorlogse wijk?*, Den Haag (Stichting van na de oorlog) 1995

David Turnbull, Tony Fretton, *Conversation with David Turnbull*, Barcelona (GG) 1995

Endry van Velzen, 'Het ontwerp: een techniek voor stadsvernieuwing, enige overwegingen bij de ontwerpopgave voor de naoorlogse stad', in: *Stedebouw & Ruimtelijke Ordening*, no. 5, oktober 2002

Anna Vos, *Stedelijke vernieuwing is een culturele activiteit, Steden bouwen én gebruiken*, N11, (KEI Kenniscentrum stedelijke vernieuwing) 2006

Anthony Vidler, 'De derde typologie', in: *O, ontwerp, onderzoek, onderwijs*, no. 3. Delft 1982

Cor Wagenaar, Mieke Dings (red.), *Idealen in beton, Verkenning in midden en oost Europa*, Rotterdam (NAi Uitgevers) 2004

Heinz Wirz, *Old-New, Miroslav Šik*, Luzern (Quart Publishers) 2000

Ellis Woodman, 'A shift in scale', in: *Building Design*, 3 February 2006

Kim Zweerink (red.), *Van Pendrecht tot Ommoord, Geschiedenis en toekomst van de naoorlogse wijken in Rotterdam*, Bussum (THOTH) 2005

Onderzoeksteam

Hans van der Heijden (Den Haag, 1963) studeerde van 1981 tot 1988 bouwkunde aan de TU in Delft, waar hij zich specialiseerde in woningbouw en de naoorlogse stedebouwkunde. Gedurende zijn studie werkte hij bij de Rijksgebouwendienst en Architectengroep Mecanoo. Hij was één van de eerste studenten die afstudeerde op een ontwerp voor de vernieuwing van een naoorlogse woonwijk. Nadien was hij als architect werkzaam bij Roelf Steenhuis en Arena. Met Rick Wessels richtte hij in 1994 biq stadsontwerp op. Het bureau legt zich toe op grootschalige woningbouw-ontwerpen in bestaande stedelijke gebieden. In 1996 won biq de tweejaarlijks Europan ontwerpprijsvraag voor een locatie in Liverpool. Van der Heijden realiseerde met biq de restauratie en uitbreiding van het kunstgebouw Bluecoat Chambers in Liverpool. Hij is auteur van het boek *Tuindorp Kethel Schiedam, Noddy, noddier, noddiest* en van artikelen in binnen- en buitenlandse publicaties over architectuur.

Hans van der Heijden

Het voorafgaande onderzoek werd uitgevoerd door biq stadsontwerp, Rotterdam onder leiding van Hans van der Heijden met bijdragen van Femke Bakker, Theo van de Beek, Sacha Buck, Marjolein van Eig, Rogier Kant, Wiepkjen Kingma, Barbara Klomp, Marten Kuijpers, Lidwine Spoormans en Manora van Wijck
Referenten: Rick Wessels, biq stadsontwerp en prof. David Dunster, University of Architecture and Building Engineering, Liverpool, GB
Kritische lezing van het manuscript kwam van: Wim Platvoet en Endry van Velzen.
Belangrijke informatie leverden: Claudio Buetti, Bernard Colenbrander, Roger Diener, Violetta Erbacher, Tony Fretton, Willem Helsloot, Bouke Kapteijn, Paul Meurs, Ulrike Müllauer, Rudie Hogerland, André Rouwers, Miroslav Šik, Avalino da Silva, Álvaro Siza en Paul Vermeulen.

Het voorafgaande onderzoek werd financieel ondersteund door het Stimuleringsfonds voor Architectuur, Rotterdam; Mitros, Utrecht; Woonstad Rotterdam, Rotterdam en De Principaal, Amsterdam.

Colofon

Dit boek is mede totstandgekomen dankzij een financiële bijdrage van:

Stimuleringsfonds voor Architectuur, Rotterdam

ERA Bouw B.V., Zoetermeer

BRICX, Ouderkerk aan de Amstel

Dura Vermeer Bouw Rotterdam BV, Rotterdam

Woonstad Rotterdam, Rotterdam

Aanneming-Maatschappij Panagro bv, Leidschendam

Afbeelding omslag Overvecht, Utrecht, © Aerodata Int. Surveys, Deurne (B) 2008
Luchtfotografie © Aerodata Int. Surveys, Deurne (B) 2008
Beeldmateriaal p. 18-19 Lorenzo Elbaz, David Grandorge, Toni Yli Suvanto
Beeldmateriaal p. 24-25 Miroslav Šik
Overig beeldmateriaal biq stadsontwerp, Rotterdam

Grafisch ontwerp Studio Hans Lemmens, Amsterdam
Druk Drukkerij Bema-Graphics, Wommelgem
Bindwerk Boekbinderij Van Waarden, Zaandam

ISBN 978 90 6868 450 6